Putere *proaspătă*

Ce se întâmplă când experimentăm resursele nelimitate ale Duhului lui Dumnezeu

Putere *proaspătă*

JIM CYMBALA

PASTOR AL BISERICII BROOKLYN TABERNACLE, NEW YORK

ÎMPREUNĂ CU DEAN MERRILL

Retipărire

CASA CĂRȚII

Oradea, 2016

Citatele biblice au fost preluate din versiunea Bibliei în limba română, traducerea Dumitru Cornilescu, cu excepția celor precizate.
Alte versiuni folosite:

KJV	King James Version
NIV	New International Version
NKJV	New King James Version
NTR	Noua traducere în limba română

Phillips Version
Weymouth Version

Putere proaspătă
de Jim Cymbala și Dean Merrill

OP 2, CP 30,
410670, Oradea
Tel./Fax: 0259-469 057; 0359-800761; 0728-874975
E-mail: info@ecasacartii.ro
www.ecasacartii.ro

Descrierea CIP a Bibliotecii Naționale a României
CYMBALA, JIM
Putere proaspătă / Jim Cymbala și Dean Merrill; trad.: Mihaela Fodor. - Oradea: Casa Cărții, 2016
ISBN 978-606-732-058-9

I. Merrill, Dean
II. Fodor, Mihaela (trad.)

244

Traducerea: Mihaela Fodor
Editarea: Lavinia Filipaș
Tehnoredactarea: Vasile Gabrian
Coperta: Marius Bonce

Tiparul executat la Metropolis srl, str. Nicolae Jiga 31, Oradea
Tel./Fax: 0259-472 640

Cuprins

Nota editurii

Încă de la începutul său, Biserica a fost confruntată cu întrebări venite atât din afara ei, cât şi din interior, privind autoritatea şi veridicitatea exercitării mandatului încredinţat ei de Cristos Domnul, Capul Bisericii. Intrarea într-un nou secol şi mileniu au amplificat mulţimea întrebărilor şi căutărilor, cărora Biserica trebuie să le răspundă.

Dintre multele întrebări care frământă astăzi Biserica, o vom menţiona doar pe cea referitoare la prezenţa şi experienţa contemporană a Duhului Sfânt în manifestarea Sa complexă prin roade şi daruri, în viaţa credinciosului şi implicit a Bisericii.

În spaţiul limitat al acestei note nu ne propunem o analiză asupra acestui subiect, ci mai degrabă citarea a trei clasici evanghelici, în legătură cu modul în care ei au înţeles şi au exprimat nevoia experimentării Duhului Sfânt în viaţa Bisericii. (Menţionăm că cele trei citate sunt luate din cartea *Experienţe cu Duhul Sfânt,* de L.F. Choy, Editura Cartea Creştină, Oradea, 1999.)

> Legea creştinismului este de la mai puţin la mai mult şi nu de la mai mult la mai puţin. Două şuvoaie de binecuvântare personală pornesc din lucrarea personală a Domnului nostru, un şuvoi de vindecare şi un şuvoi de regenerare. Unul este pentru însănătoşirea trupului, celălalt pentru însănătoşirea sufletului. Ambele au curs alături de-a lungul perioadei apostolice. Este deci rezonabil să presupunem că scopul lui Dumnezeu era ca unul să-şi urmeze cursul prin întreaga dispensaţie a Duhului, iar celălalt să scadă şi să dispară complet

într-o singură generație? Eu nu pot crede aşa ceva. (Adoniram Judson Gordon, p. 122)

Cincizecimea este încă la îndemâna noastră. Dacă nu avem parte de trezire spirituală este pentru că un anumit idol rămâne încă pe tron. Noi continuăm să ne punem încrederea în scheme organizatorice umane. Refuzăm încă să recunoaştem adevărul neschimbător că lucrul acesta „nu e prin tărie, ci prin Duhul Meu". (Jonathan Goforth, p. 103)

Eu cred că Biserica are nevoie astăzi nu de structuri mai multe şi mai bune, nici de noi organizații creştine sau de metode mai multe şi mai noi. Ea are nevoie de oameni pe care Duhul Sfânt să-i poată folosi – oameni ai rugăciunii, oameni puternici în rugăciune. Duhul Sfânt nu vine prin metode, ci prin oameni. El nu vine peste structuri, ci peste oameni. El nu unge planuri, ci oameni – oameni ai rugăciunii. (Edward McKendree Bounds, p. 26)

În finalul acestei note vă recomandăm cartea *Putere proaspătă,* scrisă de un contemporan, pastorul Jim Cymbala. Experiența sa personală şi a bisericii unde slujeşte dovedeşte că după mai bine de douăzeci de veacuri, ceea ce transformă şi energizează viața Bisericii este Duhul Sfânt.

Citatele biblice folosite în cartea aceasta sunt din traducerea Cornilescu a Sfintei Scripturi, iar autorul, pentru a sublinia unele idei din textele citate, le-a redat cu caractere cursive.

PROLOG

de D.L. Moody

Spre sfârșitul secolului al XIX-lea, cel mai mare evanghelist creștin în viață al acelei epoci a convocat o adunare specială. D.L. Moody i-a chemat pe cei din orașul lui natal, Northfield, Massachusetts „la rugăciune și așteptare înaintea Domnului pentru o nouă înveșmântare cu putere de sus." Moody, care a început să-și câștige existența reparând încălțăminte, nu a fost niciodată ordinat, dar a fost folosit din plin de Dumnezeu atât în America, cât și în Marea Britanie și a văzut sute de mii de oameni venind la Cristos. El a devenit un nume bine-cunoscut printre creștinii de pretutindeni. El era cunoscut și apreciat ca cercetător atent al Bibliei, păstrând o atitudine smerită în ciuda popularității lui.

Cu toate acestea, inima d-lui Moody a devenit din ce în ce mai preocupată, de-a lungul anilor, de declinul spiritual pe care el îl vedea în atâtea biserici. Cum putea el, ca evanghelist, să extindă cu succes Împărăția lui Dumnezeu, când adunările locale erau căldicele? Unde se puteau duce nou-convertiții pentru a fi hrăniți și educați?

Sute de oameni, din aproape fiecare stat și câțiva din alte țări, au venit, ca răspuns la apelul lui Moody, la întâlnirile care au avut loc în timpul acestei convocări speciale. Discursurile lui au fost comprimate într-o carte publicată câteva luni mai târziu cu titlul Putere Secretă.[1] *Ea începea în felul următor:*

Există în ultima vreme multe cercetări cu privire la Duhul Sfânt. În această țară, precum și în altele, mii de persoane își îndreaptă atenția către studiul acestei teme foarte importante.

Eu sper că El ne va determina pe toți să ne rugăm pentru o manifestare mai extinsă a puterii Lui asupra întregii Biserici a lui Dumnezeu.

Cât de mult L-am necinstit noi în trecut! Cât de ignoranți suntem în ce priveşte harul, dragostea şi prezența Lui! E adevărat că am auzit despre El şi am citit despre El, însă avem puține informații sistematizate despre atributele Lui, despre funcțiile Lui şi despre relațiile Lui cu noi...

Să-i lăsăm pe alții să respingă, dacă aşa voiesc, spre propria lor pierzare, acest adevăr nepieritor. Eu cred, şi cresc din ce în ce mai mult în această credință, că în Duhul Sfânt locuieşte putere divină, miraculoasă şi creatoare...

Dacă El nu însoțeşte Cuvântul cu putere, în zadar va fi încercarea de a-l predica. Elocvența umană sau puterea de convingere a discursului sunt adevăratele capcane ale celor morți. Când lipseşte Duhul de viață, profetul poate să tot predice oaselor din vale; trebuie să existe suflarea din cer care să-l facă pe cel ucis să reînvie...

Dacă vrem ca acea putere să-i readucă la viață pe prietenii noştri, care sunt morți în păcat, atunci trebuie să privim la Dumnezeu şi să nu ne aşteptăm ca omul să o facă. Dacă privim numai la lucrători, dacă aşteptăm această lucrare numai de la discipolii lui Cristos, atunci vom fi dezamăgiți. Dacă privim la Duhul lui Dumnezeu şi aşteptăm ca El şi numai El să intervină, atunci Îl vom onora pe Duhul Sfânt şi Duhul Îşi va face lucrarea.

Cred că există mulți creştini care doresc să fie mai eficienți în slujba Domnului. Numai de la Duhul Sfânt putem aştepta această putere.

Capitolul 1

O noapte lungă în Indianapolis

În toamna anului 1994 am fost invitat să vorbesc la o întâlnire despre muzica creştină în Indianapolis. Am mai participat şi înainte la o astfel de întâlnire, aşa că ştiam că cei aproximativ 10 000 de oameni veneau numai ca să audă muzică bună. Da, exista câte un vorbitor în fiecare dimineaţă şi mai erau şi un număr de sesiuni pe parcursul întregii zile, însă asul evenimentului era lauda şi închinarea prin muzică.

Am sosit într-o joi şi în acea seară nu eram încă sigur despre ce voi vorbi a doua zi dimineaţă. Înclinam spre un mesaj simplu de încurajare – unul pe care îl mai folosisem o dată. M-am gândit că va merge bine cu această atmosferă festivă. Nu doream în niciun caz să fac ceva controversat sau să calc pe cineva pe bătătură. Acum, la prima mea şansă de a vorbi acestei mulţimi, natura mea umană dorea să se facă plăcută şi acceptată.

Am fost la prima parte a concertului din acea seară, împreună cu fiica mea Chrissy şi ginerele meu Al Toledo, însă m-am întors în camera mea de hotel în jurul orei opt. Acolo am început să-L întreb pe Domnul în legătură cu mesajul meu pentru a doua zi dimineaţă. Ştiam că din miile de versete bune pe care un predicator le putea utiliza cu folos, exista numai un singur pasaj pe care Domnul îl avea în minte în mod specific pentru această ocazie şi acest public. Am încercat de-a lungul anilor să mă rog ţinând cont de aceasta, cerându-I lui Dumnezeu nu numai ungerea Lui, ci şi confirmarea că aceea era tema pentru respectiva ocazie.

M-am uitat din nou peste schiţa predicii şi apoi m-am pregătit să mă rog. Ştiam că am nevoie de ajutorul Lui pentru ca acest mesaj să fie o binecuvântare pentru cei prezenţi.

Abătut din drum

Cu cât mă rugam mai mult, cu atât mai lipsită de viaţă devenea în interiorul meu această idee de predică blândă şi familiară. În inima mea nu exista nicio vibraţie. Punctele predicii erau cât se poate de biblice şi oamenii ar fi primit, fără nicio îndoială, hrană. Însă ştiam că nu era cea potrivită momentului. Altceva era pregătit pentru mine. Şi sincer să fiu nu doream să aflu ce anume.

Am continuat să mă rog. Cu timpul m-am simţit atras de textul „Casa Mea se va chema o casă de rugăciune" (Marcu 11:17), mesaj pe care l-am avut nu cu mult timp în urmă la Brooklyn Tabernacle. E un mesaj foarte direct. E despre Isus care alungă vânzătorii din Templu şi care le atrage atenţia celor prezenţi asupra a ceea ce este cu adevărat biserica, în contradicţie cu toate întrebuinţările pe care i le dăm noi. (Acest mesaj a devenit mai târziu parte a primei mele cărţi, în capitolul intitulat „Ziua în care Isus S-a mâniat.")

Am început să mă lupt cu Domnul. O predică despre alungarea vânzătorilor din casa lui Dumnezeu – la un festival de muzică? Cu siguranţă nu! „Doamne, eu nu sunt un invitat obişnuit la aceste întâlniri. Nu am niciun drept să mă ridic şi să-i înfrunt pe aceşti oameni. Ee vor uita la mine şi se vor gândi, *Cine se crede – vreun înţelept din New York City? Serviciul începe să semene cu unul de trezire.* Nu am fost invitat aici pentru a stârni controversă. Dacă le spun că biserica de azi a devenit lipsită de rugăciune şi este în pericolul de a primi judecata lui Isus… hmm, nu-i tocmai cea mai bună modalitate de a-mi face prieteni şi de a-i influenţa pe oameni."

Am început să mă lupt cu Domnul. O predică despre alungarea vânzătorilor din casa lui Dumnezeu – la un festival de muzică? Cu siguranță nu! ✳

Începea să se facă târziu. Şi nici nu aveam schița acelui mesaj. Nu-mi puteam aminti decât fragmente şi frânturi din ceea ce am predicat în biserica noastră. Cu siguranță nu intenționam să mă ridic în fața a 10 000 de oameni şi să „improvizez."

Cu toate acestea, Duhul Sfânt părea să şoptească stăruitor inimii mele: *De aceea te-am adus aici. Despre aceasta vreau să predici. Ești gata să faci voia Mea sau vei apărea mâine dimineață acolo „și-ți vei juca piesa"?*

Am continuat să mă frământ în rugăciune. Întreaga situație devenea neplăcută. Dacă nu mă decid curând şi nu mă duc la culcare imediat, voi avea parte de un mare eşec. De ce nu m-aş prezenta pur şi simplu cu ceea ce am pregătit?

Pe de cealaltă parte, dacă aş merge împotriva a ceea ce Dumnezeu vrea să fac, L-aş dezamăgi pe Domnul care m-a chemat în lucrare.

Într-un final, după vreo oră sau două am capitulat. Am deschis Biblia la pasajul din Marcu şi am spus: „Doamne, ajută-mă. Dacă Tu vrei să foloseşti acest pasaj pentru a vorbi oamenilor mâine dimineață, atunci aşa să fie. Arată-mi cum să reconstruiesc această predică."

Pe la miezul nopții s-a petrecut ceva foarte neobişnuit. În mod normal nu sunt o persoană timidă, însă în acea noapte am fost atacat de un imens sentiment de frică şi nesiguranță. Am început să-mi imaginez oamenii întorcându-se împotriva mea. Ceva sau cineva îmi şoptea mereu că acest mesaj „profetic" nu va fi deloc în concordanță cu atmosfera. Era ca şi cum mă luptam cu forțe care intenționau să distrugă acest mesaj pe care acum îl simțeam atât de puternic.

Inima a început să-mi bată cu putere. Străbăteam camera dintr-un capăt în celălalt şi nu după mult timp am început să plâng. „O, Dumnezeule, acum că mi-ai arătat voia Ta şi eu sunt dispus să o îndeplinesc – dă-mi curajul, puterea şi înțelepciunea de a predica acest mesaj spre slava Ta."

Am stins lumina şi am încercat să adorm, dar nu puteam. La scurtă vreme eram din nou în picioare, străbătând camera dintr-un capăt în celălalt şi rugându-mă. Continuam să mă lupt cu sentimentul că întreaga situație va fi un dezastru. Într-un târziu, pe la trei şi jumătate am adormit din cauza oboselii extreme.

Soarele abia răsărise în acea dimineață de vineri când a sunat telefonul. Nu era apelul de la recepția hotelului menit să mă trezească, ci soția mea, Carol, din New York.

— Jim, eşti bine? a întrebat ea cu o voce îngrijorată.

— Cred că da, am răspuns eu amețit.

— Ce se întâmplă acolo cu tine? a stăruit ea.

— Păi, adevărul e că duc o luptă, am recunoscut eu. În câteva ore va trebui să vorbesc şi Domnul m-a cercetat cu privire la un mesaj care nu e uşor de transmis. Sunt într-o mare frământare.

— Ştiam eu că ceva nu e în regulă, a răspuns ea. Nu am putut dormi azi-noapte. M-am trezit şi a trebuit să mijlocesc pentru tine. Nu ştiam ce se întâmplă, cu toate acestea simțeam că trebuie să mă rog pentru tine.

Apoi a început să se roage pentru mine chiar în acel moment la telefon.

La sfârşit ea a adăugat:

— Dumnezeu te va ajuta, Jim. Bazează-te pe Duhul Sfânt să te ajute şi nu te mai îngrijora.

În arenă

Am închis telefonul şi cu mai puțin de patru ore dormite am început să mă pregătesc pentru ziua care îmi stătea înainte. În scurt timp mă aflam deja în clădirea de peste drum, în arenă. Sunetul mulțimii cântând la deschiderea sesiunii de dimineață răsuna pe coridoare.

Cineva a venit şi mi-a prins un microfon de cravată. Acesta a fost primul semnal că nu voi avea obişnuitul microfon pe care să-l țin în mână şi cu care mă simțeam cel mai bine când vorbeam, pentru că îmi ținea ocupată o mână. Ba mai rău decât atât – tehnicianul de la audiovizual mi-a reamintit că mă voi afla în centrul unei platforme rotunde, înconjurat din toate părțile de oameni, ceea ce însemna că trebuia să îmi amintesc să mă învârt constant pentru a fi mereu cu fața spre câte o nouă secțiune. Şi voi fi urmărit de un set de camere video!

Din punctul meu de vedere, circumstanțele nu puteau fi mai stânjenitoare de atât.

În timp ce gazda a început să mă prezinte, am păşit pe scena circulară şi tremurând am luat cunoştință de ceea ce mă aştepta. *O, Dumnezeule, ajută-mă acum!* m-am rugat eu în tăcere.

Am început pe un ton scăzut. „Vreau să vă vorbesc pentru câteva momente despre ceva atât de vital şi cu toate acestea atât de simplu. Ne e atât de familiar – şi tocmai aici e pericolul. Vreau ca sesiunea din această dimineață să aducă schimbare în viețile noastre...

Pentru a aborda acest subiect, vreau să vă redau una dintre cele mai ciudate şi uimitoare imagini ale lui Isus întâlnite în întreaga Biblie." Am început apoi să le descriu un Isus care face curățenie în Templu.

Cu cât vorbeam mai mult, cu atât mesajul devenea mai clar în inima mea. M-am simțit calm înăuntrul meu. Îl simțeam pe Duhul Sfânt dându-mi ajutor. Am continuat să mă mişc şi să mă întorc pe măsură ce vorbeam, privind spre marea de fețe care se întindea până în locurile umbrite din toate părțile sălii. Fără notițe, logica şi continuitatea gândurilor părea să prindă formă. Chiar dacă spuneam lucruri greu de auzit pentru cei prezenți – ca, de exemplu, că muzica poate deveni simplu spectacol în loc să fie o lucrare reală – ei păreau să răspundă. Inimile lor erau captivate.

Tonul vocii mele nu era aspru sau condescendent. Îmi exprimam strigătul propriei mele inimi după ceva mai mult din Dumnezeu. Povara din interiorul meu era transferată către cei ce mă ascultau. După un timp am ajuns să mă simt aproape detaşat de ceea ce se petrecea acolo. Era ca şi cum mă ridicasem şi priveam scena de pe unul dintre locurile cele mai de sus ale sălii. Toată neliniştea şi stânjeneala dispăruseră. Nu făceam decât să transmit ceea ce am simţit că Dumnezeu vrea să spun.

Când m-am apropiat de final, le-am povestit cum rugăciunea disperată a smuls-o pe fiica noastră adolescentă, Chrissy, din răzvrătire şi autodistrugere, ca să-L slujească din nou pe Domnul. (De fapt, Chrissy şi soţul ei se aflau chiar acolo în sală ascultându-mă.) Câteva dintre ultimele fraze pe care le-am rostit au fost: „Dumnezeu spune că, atunci când Îl chemăm, El va răspunde. Pentru greutăţile prin care unii dintre voi treceţi astăzi – răspunsul nu va veni prin vreun alt seminar... Avem prea mulţi tehnicieni pe care nu îi interesează decât metodologia şi ei invadează în număr tot mai mare Biserica. Răspunsul nu stă în nicio metodologie umană. Răspunsul se află în puterea Duhului Sfânt. Răspunsul se află în harul lui Dumnezeu." Apoi am făcut ceva ce nu se obişnuieşte la acest gen de întâlniri: am făcut un apel direct.

Avem prea mulţi tehnicieni pe care nu îi interesează decât metodologia şi ei invadează în număr tot mai mare Biserica. Răspunsul nu stă în nicio metodologie umană.

Deoarece spaţiul din jurul platformei era prea mic pentru a putea fi folosit, le-am cerut celor care doreau să strige către Dumnezeu în rugăciune pentru situaţii în care numai Dumnezeu îi putea ajuta, să se ridice. Poate că ei renunţaseră deja, pentru că situaţiile păreau lipsite de speranţă: copii înstrăinaţi, slăbiciune spirituală, căsătorii pe cale să se destrame.

Unii dintre ei s-au apropiat totuşi de centru şi au început să strige către Domnul cu multe lacrimi. „O Dumnezeule, intervino în viaţa mea şi în criza prin care trec." „Ai milă de noi şi întinde-Ţi mâna Ta puternică aşa cum ai promis că vei face."

Am coborât de pe scenă, mi-am scos microfonul prins de cravată şi am fost însoţit imediat până la maşina pregătită să mă ducă la aeroportul din Indianapolis. Câţiva dintre cei prezenţi mi-au strâns mâna şi mi-au mulţumit. Am simţit pace în interior: cu adevărat Dumnezeu mă ajutase să fac ceea ce El dorise în acel loc.

Unde pe apă

În următoarele luni, am ţinut ocazional legătura cu prietenul care mă invitase şi el mi-a spus că vânzările casetei video din acea dimineaţă au depăşit orice altă vânzare din anii precedenţi. Un an mai târziu, şi chiar după doi sau trei ani, caseta a continuat să fie vândută şi să fie răspândită pe tot cuprinsul ţării.

Am primit veşti despre grupuri de lucrători din locuri îndepărtate care au vizionat-o. Veneau continuu mesaje prin fax şi e-mail. 2000 de persoane de la o conferinţă din New England au vizionat-o în timpul unei sesiuni principale, şi când înregistrarea a luat sfârşit, oamenii s-au îndreptat în mod spontan către tronul de har, dând naştere unei întâlniri de rugăciune.

Mulţi pastori au sunat să spună: „Nu vă cunosc în mod personal, dar vreau să ştiţi că am difuzat caseta dumneavoastră în timpul primului serviciu de dimineaţă – şi oamenii s-au ridicat în masă pentru a veni să se roage la altar, ceea ce nu se obişnuieşte în biserica noastră. Când a venit timpul să se elibereze sala pentru cei care veneau la următorul serviciu, nu am ştiut ce să fac... Cei de curând sosiţi au intrat şi s-au alăturat primului grup în a-L chema pe Dumnezeu şi a aştepta în prezenţa Lui."

O lucrare de trezire din Michigan a fost binecuvântată cu un donator care a cumpărat mii de copii ale casetei şi le-a trimis la pastorii flămânzi spiritual. Rapoarte îmbucurătoare au continuat să ajungă la noi – *toate acestea doar pentru că Domnul a preluat controlul asupra planurilor mele într-o cameră de hotel și mi-a descoperit voia Lui.* Nu dorisem deloc să predic acel mesaj. Dar Dumnezeu ştia exact de ce am fost adus acolo.

Când privesc înapoi la acea noapte lungă din Indianapolis, mă gândesc la cuvintele lui Isus din Ioan 16:7: „Totuşi, vă spun adevărul: Vă este de folos să Mă duc; căci, dacă nu Mă duc Eu, Mângâietorul nu va veni la voi; dar dacă Mă duc, vi-L voi trimite."

Trebuie să le fi sunaț tare ciudat ucenicilor aceste cuvinte. Ei fuseseră alături de Isus mai bine de trei ani; El era totul pentru ei. Plecau într-alt loc când El pleca. El le-a răspuns tuturor întrebărilor lor. Când erau trişti sau plini de frică, El le dădea siguranță. Era de neimaginat ca Isus să-i părăsească vreodată sau că acest lucru ar fi *bun* sau chiar *mai de folos.*

Însă Domnul nostru ştia ce era cel mai bine. Afirmația Lui a scos la lumină măreția lucrării care urma să vină, a Duhului Sfânt în viețile lor şi în viața Bisericii creştine. Duhul Sfânt avea să fie totul pentru ei, chiar mai mult decât a fost Isus în trup. Ei urmau să realizeze mult mai mult sub călăuzirea şi puterea Lui decât au făcut-o vreodată cât timp au fost cu Isus. Aceasta nu e o blasfemie sau o denigrare la adresa lui Cristos, pentru că El Însuşi a spus aşa ceva.

Isus era cu ei, dar nu era *în ei.* Şi cea mai mare lucrare care trebuia făcută în ucenici era lăuntrică. Aceasta era esența Noului Legământ pe care Dumnezeu Îl făcea cu poporul Lui: „Vă voi da o inimă nouă şi voi pune în voi un duh nou; voi scoate din trupul vostru inima de piatră şi vă voi da o inimă de carne. Voi pune Duhul Meu în voi" (Ezechiel 36:26–27).

Dacă lucrarea lui Cristos de pe cruce, vărsarea sângelui Său a fost singura cale de a rezolva problema vinovăției, păcatului şi condamnării, venirea Duhului Sfânt promis a fost modalitatea lui Dumnezeu de a schimba ființele umane din interior în afară. Legea dată lui Moise a eşuat tocmai în acest punct. Ea era sfântă şi dreaptă în ea însăşi, însă problema stătea în natura păcătoasă din oameni. Prezența Duhului Sfânt în inimile credincioşilor va birui de acum dilema veche de când lumea: „Vreau să fiu altfel, dar nu pot. Ştiu ce e rău – şi cu toate acestea continui să-l fac." Această împuternicire a Duhului va fi sursa dinamică de-a lungul timpului pentru toți cei care trăiesc şi lucrează pentru Isus Cristos.

Cea mai acută nevoie

Ce mi s-a întâmplat mie în Indianapolis nu a fost ceva neobişnuit. Duhul Sfânt a venit în ajutorul unui vas uman, care nu ştia ce să facă în acel moment. Duhul este Cel care ne călăuzeşte în voia lui Dumnezeu. Aşa cum Isus a fost călăuză şi inspirație pentru ucenicii Lui, cât a fost pe pământ, la fel e şi Duhul Sfânt, într-un mod mai puternic, mai intim.

Acea noapte din camera de hotel se potriveşte cu Romani 8:26, care declară cu îndrăzneală: „Şi tot astfel şi Duhul ne ajută în slăbiciunea noastră: căci nu ştim cum trebuie să ne rugăm. Dar Însuşi Duhul mijloceşte pentru noi cu suspine negrăite."

Acesta este unul dintre cele mai neglijate adevăruri din Noul Testament în ziua de azi. Noi, creştinii, admitem foarte rar că nu ştim cum să ne rugăm. Mulți dintre noi au fost învățați încă din copilărie cum să formuleze propoziții care să sune a rugăciune, până aproape ne-am perfecționat. Unii pot să-I înfățişeze lui Dumnezeu un discurs elocvent cât ai clipi din ochi.

Rugăciunea născută din Duhul, însă, face parte dintr-o dimensiune atât de aparte a chemării Numelui Domnului, încât trebuie ca Duhul Sfânt să ne asiste într-un mod supranatural. Nu e un sentimentalism fabricat, ci promisiunea impresionantă că Însuşi Dumnezeu ne va ajuta! Duhul Sfânt m-a ajutat să mă rog în acea noapte, când mă zbăteam în slăbiciunea mea.

Alarma care s-a declanşat în inima lui Carol de a se ruga pentru mine a fost şi ea un ajutor supranatural din partea Duhului Sfânt. El este capabil să comunice şi prin alte simţuri decât cele naturale. Carol ştia că aveam nevoie de rugăciune şi mijlocire, chiar dacă nimeni nu i-a spus despre dilema mea – nimeni, în afară de Duhul atotştiutor al lui Dumnezeu. Aşa că ea a înălţat cereri arzătoare care au întrecut orice fel de rugăciune mecanică sau de rutină.

Curajul de care aveam nevoie pentru a depăşi o situaţie care mă intimida a venit numai prin Duhul Sfânt. El m-a înălţat deasupra temerilor mele naturale şi a limitărilor verbale. Daţi-mi voie să vă asigur că nu sunt un orator înnăscut. Numai împuternicirea dată de Duhul Sfânt a făcut ca acele cuvinte să fie transmise cu claritate şi să aibă impact. Acesta este exact motivul pentru care a venit Duhul: să inspire şi să echipeze oameni obişnuiţi pentru a lucra pentru Isus Cristos.

Cu aproape o sută de ani în urmă, în Anglia, Samuel Chadwick, un lider metodist şi decan al unei universităţi a scris:

> Lucrarea lui Dumnezeu nu se face prin puterea oamenilor sau prin tăria lor, ci prin Duhul. Numai prin El adevărul convinge şi converteşte, sfinţeşte şi salvează. Filosofiile oamenilor se prăbuşesc, dar Cuvântul lui Dumnezeu triumfă *prin manifestarea Duhului.* Dorinţele noastre sunt multe şi greşelile nenumărate, dar ele toate se cuprind în inexistenţa Duhului Sfânt în vieţile noastre.
>
> Resursele bisericii stau în „ajutorul Duhului". Duhul nu este doar un agent al mângâierii. El este Cristos fără limitările trupului şi ale lumii materiale. El poate descoperi lucrurile despre care Cristos nu a putut vorbi. El are rezerve de putere mult mai mari decât cele pe care le-a putut folosi Isus şi El face posibile lucrări mai mari decât ale Lui. El este Duhul lui Dumnezeu, Duhul adevărului, Duhul mărturiei, Duhul care convinge de păcat, Duh de putere, Duh de sfinţire, Duhul luminii, Duhul înfierii, Duhul care ajută, Duh de libertate,

Duh de înțelepciune, Duh de descoperire, Duhul promisiunii, Duh de dragoste, Duhul blândeții, Duhul cumpătării, Duhul harului, Duhul slăvii şi Duhul profeției. Rămâne la latitudinea Bisericii să exploreze resursele Duhului; resursele lumii sunt inutile.[1]

Marea nevoie a generației noastre este „ajutorul Duhului" (Filipeni 1:9). Noi trăim acum în era Duhului Sfânt, în timp ce aşteptăm revenirea Mântuitorului nostru Isus Cristos. Domnul nostru stă la dreapta Tatălui în cer, dar L-a trimis pe Duhul Sfânt, Cel promis, pentru ca prin puterea Lui să putem duce la îndeplinire voia lui Dumnezeu, să înfrângem orice şiretlic al lui Satana şi să lărgim Împărăția lui Cristos aici pe pământ.

„Filosofiile oamenilor se prăbușesc, dar Cuvântul lui Dumnezeu triumfă prin manifestarea Duhului." – Samuel Chadwick ✳

Oricare ar fi greutățile cu care ne confruntăm ca şi credincioşi sau ca biserici locale, Dumnezeu ne cheamă să primim astăzi această promisiune măreață de putere ca pe o realitate vie. Atunci, biruitori, Îl vom lăuda pe Dumnezeu alături de credincioşii care au experimentat de-a lungul secolelor ei înşişi adevărul că „Cel ce este în voi este mai mare decât cel ce este în lume" (1 Ioan 4:4).

Capitolul 2

Despre cimitire și aziluri de nebuni

Acum când păşim într-un nou mileniu este vital pentru noi să privim cu atenție, imparțial şi gata de a învăța, la ce are Dumnezeu în plan pentru Biserică. Toate profețiile şi prevestirile înspăimântătoare ale anului 2000 sunt acum uitate. Continuăm să ne adunăm laolaltă ca biserică a lui Isus Cristos şi să ne rugăm ca Împărăția Lui să vină şi voia Lui să se facă. Dar care e destinul celei pe care o numim „Biserică", pe care o iubim şi a cărei parte suntem?

Lumea în care trăim e, bineînțeles, antagonistă conceptelor noastre despre Isus Cristos. Valorile creştine sunt respinse în mod automat. Iar noi, ca biserică, în loc să atragem lumea şi să proclamăm Evanghelia dragostei lui Dumnezeu, însoțită de o manifestare a puterii lui Dumnezeu, aşa cum găsim în Biblie, reacționăm în unul dintre următoarele trei moduri:

1. *Fugim de lume, ne baricadăm și spunem: „Îngrozitor cum trăiesc cei din afară, nu-i așa?"* Chiar dacă e adevărat că lumea a scăpat de sub controlul moral, această atitudine a uitat de chemarea noastră de a fi sare şi lumină.

2. *Facem afirmații dure și condamnăm lumea și pe locuitorii ei, uitând că ei nu sunt vrăjmașii noștri, ci câmpul nostru de misiune.* Această atitudine a format o întreagă industrie creştină, datorită comentatorilor de radio, editorilor de reviste şi altora care

îi atacă şi-i analizează fără oboseală atât pe păcătoşii de pe poziţii înalte, cât şi pe cei neînsemnaţi. Aceasta nu este însă datoria creştinilor; aşa cum Pavel (care era apostol) a scris limpede: „Ce am eu să judec pe cei de afară? Nu este datoria voastră să judecaţi pe cei dinăuntru? Cât despre cei de afară, îi judecă Dumnezeu" (1 Corinteni 5:12–13). Datoria noastră nu este să-i criticăm cu asprime pe cei necredincioşi, ci, cu umilinţă, să privim în propriile noastre curţi pentru a vedea dacă trăim cu adevărat viaţa de creştin aşa cum Dumnezeu a intenţionat-o.

Este extrem de important să ne amintim că cele mai aspre cuvinte de atenţionare şi mustrare din Noul Testament sunt îndreptate nu spre masele de necredincioşi, ci spre Biserica lui Cristos. Deşi natura lui Dumnezeu este dragoste, este o dragoste care cheamă la precauţie, chiar la teamă sfântă, folosind cei mai duri termeni. Luaţi aminte la câteva fragmente din Scriptură, care e inspirată de Dumnezeu, şi la modul în care ele se adresează problemelor descoperite nu în lume, ci în mijlocul poporului Domnului. Noi nu suntem obişnuiţi să auzim un limbaj atât de direct.

> Cât despre mine, fraţilor, nu v-am putut vorbi ca unor oameni duhovniceşti, ci a trebuit să vă vorbesc ca unor oameni lumeşti, ca unor prunci în Cristos. V-am hrănit cu lapte, nu cu bucate tari, căci nu le puteaţi suferi; şi nici acum chiar nu le puteţi suferi, pentru că tot lumeşti sunteţi. În adevăr, când între voi sunt zavistii, certuri şi dezbinări, nu sunteţi voi lumeşti şi nu trăiţi voi în felul celorlalţi oameni? (1 Corinteni 3:1–3)

> Nu puteţi bea paharul Domnului şi paharul dracilor; nu puteţi lua parte la masa Domnului şi la masa dracilor. Sau vrem să întărâtăm pe Domnul la gelozie? Suntem noi mai tari decât El? (1 Corinteni 10:21–22)

> Luaţi seama, dar, fraţilor, ca niciunul dintre voi să n-aibă o inimă rea şi necredincioasă, care să vă despartă de Dumnezeul cel viu. Ci îndemnaţi-vă unii pe alţii în fiecare zi, câtă vreme

> se zice: „Astăzi", pentru ca niciunul dintre voi să nu se împietrească prin înşelăciunea păcatului. (Evrei 3:12–13)
>
> Ştiu faptele tale: că nu eşti nici rece, nici în clocot. O, dacă ai fi rece sau în clocot! Dar, fiindcă eşti căldicel, nici rece, nici în clocot, am să te vărs din gura Mea. (Apocalipsa 3:15–16)

Observați termenii fără echivoc pe care Dumnezeu îi foloseşte pentru a-Şi atenționa oamenii de pericolul ca inimile să îi „despartă de Dumnezeul cel viu". Problema nu era umanismul secular, relativismul moral sau vrăjitoria din Imperiul Roman. Ci sfinții Celui preaînalt se îndepărtau de chemarea lor cea înaltă şi sfântă.

3. *Lăsăm ca lumea să ne „evanghelizeze" fără ca măcar să ne dăm seama.* George Barna, un cercetător creştin bine-cunoscut, relatează că acei ce merg la biserică regulat sunt şocant de asemănători cu restul populației în orice domenii:

- 27% necreştini, 23% creştini au cumpărat bilet la loterie săptămâna trecută;
- 87% necreştini, 76% creştini au vizionat în ultimele trei luni filme din categoria PG–13 sau R (filme cu conținut extrem de murdar, n.ed.);
- 23% necreştini, 27% creştini sunt divorțați.[1]

În loc să fie o rămăşiță sfântă, plină de putere, care e consacrată şi la dispoziția lui Dumnezeu (în sensul Noului Testament), Biserica e atât de invadată de sistemul de valori al lumii, încât aproape că nu mai există nicio deosebire între cele două.

Nu ar fi mai înțelept să ne întrebăm ce învățătură ne-a adus în această stare de lucruri jalnică? Ce anume din ce facem sau nu facem cauzează o astfel de ruptură în fibra spirituală a creştinilor? Ar fi mai bine să începem să ne punem întrebări serioase şi să fim pregătiți să aruncăm peste bord lucrurile care au slăbit Biserica şi au făcut-o lumească.

În schimb între noi are loc o operațiune masivă de acoperire. Anumiți conducători de biserici susțin sus şi tare că totul e în regulă pentru că ei au „o nouă viziune pentru biserică" în loc să recunoască existența dovezilor clare din jurul nostru. Aud această întrebare la toate conferințele pentru pastori: „Ce viziune ai pentru biserica ta?" Dacă nu ai memorat şi nu eşti gata să reciți vreun nou concept care să sune fantastic, atunci ai cam rămas în urmă.

Brooklyn Tabernacle nu e biserica *mea*; ea Îi aparține lui Dumnezeu. El este Cel care dă viziunea, și nu eu. ✳

Cum poate fi posibil? Brooklyn Tabernacle nu e biserica *mea;* ea Îi aparține lui Dumnezeu. El este Cel care dă viziunea, şi nu eu. Isus Cristos este Capul, iar noi suntem Trupul. În Biblie, El ne-a lăsat viziunea *Lui* pentru biserică – cum anume ar trebui să fie, cum anume ar trebui să opereze, care îi sunt scopurile, ce putere o va susține în lucrare. A avea o altă viziune decât viziunea lui Cristos aşa cum este ea redată în Biblie constituie culmea aroganței şi e fatală din punct de vedere spiritual.

De exemplu, gândiți-vă la toți experții în dezvoltarea Bisericii a căror viziune pentru biserica modernă, de ultimă oră, include orice în afară de rugăciune. Întâlnirile de rugăciune, motorul care a pus în mişcare Biserica apostolică, nu se găsesc nicăieri în noua lor viziune. Pentru ei, Biblia este o carte învechită. Rugăciunea şi puterea Duhului lui Dumnezeu sunt rar menționate în jurnalele lor ingenioase. Între timp, istețimea lor umană produce numai mici întâlniri insipide care nu reuşesc să-i pună pe oameni în legătură cu Dumnezeu, … puține, dacă nu chiar nicio mărturie personală a păcătoşilor care au fost schimbați radical de puterea Evangheliei, … prea puțină opoziție față de păcat, … lipsă de disciplină în biserică a celor care încalcă regula de comportament creştin.

Ce se întâmplă dacă, la final, biserica locală nu se dovedeşte a fi fost nici mai mult, nici mai puţin decât un centru de distracţii, fără să semene nici pe departe cu modelele lăsate nouă de Sfânta Scriptură?

Dacă noi, pastorii, avem nevoie de o formulare a viziunii, atunci am o sugestie: Ce ziceți de cele două epistole către Timotei? Dar de scrisoarea lui Pavel către Tit? Ce ziceți de cartea Faptele apostolilor? Acestea schițează limpede ce a avut Dumnezeu în plan pentru Biserica Sa. Dacă spiritul bisericilor noastre nu poartă nicio urmă de asemănare cu viziunea prezentată în Cuvântul lui Dumnezeu, atunci ar fi mai bine să ne smerim şi să recunoaştem aceasta.

Timpurile se schimbă, într-adevăr, şi noi avem acces la multe lucruri care sunt în avantajul nostru: clădiri proprii, sisteme de sunet, albume de muzică creştină. Toate acestea sunt minunate. Dar niciunul dintre ele nu are dreptul să schimbe principiile spirituale după care se ghidează Biserica fondată de Isus Cristos, care Şi-a dat propria Lui viață pe cruce pentru a-i da naştere.

Duhul este esențial

Cheia tuturor acestor lucruri este persoana şi lucrarea Duhului Sfânt. Creştinismul este lipsit de speranță fără El. Biserica nu poate fi Biserică fără Duhul Sfânt care locuieşte în ea şi îi dă putere. Nivelul la care înțelegem *și* experimentăm Duhul lui Dumnezeu va fi echivalent cu nivelul la care planul lui Dumnezeu va fi adus la îndeplinire în bisericile noastre.

Dacă minimalizăm importanța Duhului Sfânt – sau chiar mai rău, Îl ignorăm – ne trezim cu o biserică modernă, care e total străină Noului Testament. În multe locuri astăzi serviciile bisericeşti au devenit total predictibile, planificate până la ultimul minut, golite de orice spontaneitate, în care prezența Duhului Sfânt este vag simțită, dacă nu chiar deloc. Mă tem că primii creştini din Faptele apostolilor ar fi şocați să vadă ceea ce noi numim acum Biserica lui Isus Cristos. Dar noi suntem atât de obişnuiţi cu ea, după toţi aceşti ani, încât, din nefericire, ni se pare normală.

Unii bărbaţi spirituali şi evlavioşi au văzut acest pericol cu sute de ani în urmă. Ascultaţi cuvintele lui William Law din 1761, autor englez, contemporan cu John Wesley:

> Acolo unde Duhul Sfânt nu este onorat drept *Cel prin care întreaga viață și putere a Evangheliei mântuirii devine eficace,* nu e de mirare că realitatea Evangheliei nu înseamnă mai mult pentru creştini decât a însemnat puritatea Legii pentru evrei... Pentru că, fără venirea Duhului Sfânt cu putere peste eu, păcat şi diavol, Noul Testament nu e un ajutor mai bun către cer decât Vechiul Testament fără venirea lui Mesia.[2]
>
> Mii de oameni sunt gata să despice în patru firul doctrinei şi să-i instruiască pe alţii în înţelesul subtil al cuvintelor Scripturii – dar sunt *puţini din cei prin care Duhul Sfânt poate lucra să aducă oameni în Împărăţia lui Dumnezeu, printr-o naştere din nou.*[3]
>
> Fariseul se baza atât de mult pe Lege, încât L-a respins pe Mântuitorul spre care arăta Legea. Creştinul evanghelic crede că, atunci când îşi va fi însuşit litera Evangheliei, va ajunge şi să-i cunoască adevărul şi puterea. Şi astfel, deşi se declară de partea doctrinei lui Pavel, *el ştie prea puţine despre experienţa spirituală a lui Pavel,* care l-a făcut să spună: „Pot totul în Cristos care mă întăreşte."[4]

Recitiţi aceste cuvinte şi gândiţi-vă ce provocare arzătoare sunt ele şi pentru noi astăzi. Cei care ţin cu dinţii de fiecare verset al Bibliei sunt adesea cei care încearcă să aibă o biserică fără Duhul Sfânt. Ei cred că doar învăţătura îi poate face pe membrii lor să trăiască „o viaţă creştină victorioasă" – dar ea nu poate fi trăită fără a experimenta puterea Duhului Sfânt. Juruinţele şi promisiunile singure, oricât de sincere ar fi ele, nu vor putea niciodată birui puterea lumii, a cărnii şi a diavolului.

Juruințele și promisiunile singure, oricât de sincere ar fi ele, nu vor putea niciodată birui puterea lumii, a cărnii și a diavolului. ✳

Câți nu resping astăzi cu nonşalanță relatările clare din Biblie despre puterea şi lucrarea Duhului Sfânt – fără niciun verset care să le sprijine poziția? Ştiu că restricțiile din Vechiul Testament referitoare la carnea de porc şi la a purta îmbrăcăminte din țesături diferite au fost anulate de învățătura clară a Noului Testament. Dar nu există niciun verset în Noul Testament care ne spune să nu ținem cont de precedentul creat de activitatea Duhului Sfânt din Faptele apostolilor. Nu întâlnim nimic în scrierile lui Pavel, Petru, Ioan sau Iuda care să spună: „Oh, în treacăt fie zis – ceea ce a realizat Duhul Sfânt prin oamenii simpli, needucați din primele zile ale Bisericii nu mai poate fi niciodată repetat. Uitați aceasta şi încercați să faceți tot ce vă stă în putință prin predici elocvente şi programe cât mai deştept realizate." Isus Cristos este acelaşi ieri, azi şi în veci şi aşa este şi Duhul Sfânt.

Martyn Lloyd-Jones, un bine-cunoscut predicator englez din secolul XX, a scris: „Scripturile nu spun niciunde că aceste lucruri au fost numai temporare – niciunde! Nu există nicăieri o astfel de afirmație... A rămâne pe această poziție înseamnă pur şi simplu a stinge Duhul Sfânt."[5] Într-un alt paragraf al aceleaşi cărți acest conducător evanghelic adaugă: „Cred că avem nevoie urgentă de o manifestare şi demonstrare a puterii *Duhului Sfânt.*"[6]

Suntem gata să acceptăm întreaga Biblie când e vorba de promisiunile lui Dumnezeu pentru noi sau numai o parte din ea?

De cealaltă parte...

În timp ce unele biserici precum cele pe care tocmai le-am descris ar putea părea ca nişte cimitire, altele, la celălalt capăt al spectrului, seamănă mai mult cu azilurile de nebuni. Se fac abuzuri înspăimântătoare în numele Duhului lui Dumnezeu. Mulți din aşa-numita mişcare carismatică au făcut lucruri bizare, care nu numai că sunt pe lângă învățătura din Noul Testament, ci chiar o contrazic. Când oamenii latră precum câinii, râd ca hienele, rag ca leii şi ciripesc ca păsările, „cum le dă Duhul", cineva trebuie să-şi facă auzită vocea şi să spună: „Unde găsim aşa ceva în Biblie? Şi cum zideşte această manifestare o biserică?"

Noul Testament stabileşte ca un principiu de bază că „fiecăruia i se dă arătarea Duhului spre folosul altora" (1 Corinteni 12:7). De exemplu, apostolul Pavel afirmă limpede că orice vorbire în limbi făcută în public trebuie să fie urmată de o interpretare în limba maternă, astfel încât întreaga biserică să poată înțelege şi să fie zidită. Altfel nu era permisă niciun fel de vorbire în limbi, de vreme ce ea nu era inteligibilă auditoriului.

Dacă Pavel a avut obiecții în ce priveşte limbile neinterpretate, ce ar spune el despre bolboroselile continue, convulsiile şi răsucirile ca de titirez de astăzi? Şi-i poate cineva imagina pe Petru, Iacov sau Ioan luând parte la o asemenea nebunie? Pasiunea lui Pavel pentru evanghelizare a făcut şi mai acută preocuparea lui pentru părerea pe care şi-ar face-o „un necredincios sau vreunul fără daruri" (1 Corinteni 14:24). Pentru Pavel, biserica nu era nicidecum un circ.

Cum ar reacționa apostolul la o casetă video pe care am văzut-o, în care, doi predicatori bine-cunoscuți au pus în scenă, la o întâlnire, ceea ce părea o comedie în alte limbi! Unul dintre bărbați vorbea vreo 20 de secunde pe când celălalt izbucnea brusc în râs. Apoi cel din urmă începea să vorbească ca şi când încerca să „întreacă" povestea primului bărbat. Amândoi sfârşeau apoi în hohote de râs, lovindu-se cu palmele peste genunchi. Nu exista niciun fel de traducere în engleză. Mulțimea striga şi ovaționa ca la bâlci. Câtă parodie şi insultă la adresa Duhului lui Dumnezeu!

Mă tem că unii oameni nu sunt dornici să se supună autorității Scripturii. Ei sunt acaparați cu totul de ultimele „manifestări" la modă ale Duhului şi de semnele noi şi ciudate care îi conving că „râul se revarsă". Dacă ar fi să le spună cineva: „Scuzați-mă, dar ceea ce faceți e împotriva Bibliei", acesta ar fi imediat respins de replica familiară: „Ei, Dumnezeu face un lucru nou, frate!"

Prietenii mei pastori din Argentina îmi spun că evangheliştii nord-americani au ajuns şi pe la ei predicând că, dacă ai cu adevărat o atitudine ca de copil față de lucrurile lui Dumnezeu, atunci vei dovedi şi un comportament de copil. Cum? „Spunând năzbâtii prin Duhul". O astfel de nebunie este o ruşine la adresa tuturor creştinilor care gândesc.

Face cumva Dumnezeu lucruri atât de noi, încât ele nu sunt în Biblie? Dacă Scripturile nu sunt judecătorul presupuselor „manifestări ale Duhului Sfânt", atunci unde se vor sfârşi toate acestea? Ce s-ar întâmpla dacă ar apărea cineva cu o profeție de genul „Aşa vorbeşte Domnul: De ce vă închinați numai Mie şi nu şi îngerului meu şef Gabriel? El a fost neglijat mult prea mult timp. Sunt profund ofensat. Trebuie să vă schimbați căile."

Reproşul: „Stai puțin – nu găsesc aşa ceva în Biblie" nu ar avea niciun răsunet, nu-i aşa? Cealaltă persoană ar putea oricând spune: „N-ai auzit? Dumnezeu face un lucru nou!"

Acest gen de fanatism nu şi-ar fi găsit niciodată locul în cartea Faptele apostolilor. Când apostolul Petru, aşa cum citim în capitolul 2, s-a ridicat să explice evenimentele din ziua Cincizecimii, aproape jumătate din mesajul lui a inclus citate din Vechiul Testament. Când, cu câțiva ani mai târziu, în Fapte 17, o echipă de evanghelişti a pătruns în oraşul Bereea şi a început să proclame lucruri inedite, localnicii „cercetau Scripturile în fiecare zi, ca să vadă dacă ce li se spunea este aşa" (v. 11). Nu părea să-i intereseze dacă s-au simţit sau nu „binecuvântaţi". Nu au făcut un sondaj de opinie. Nici măcar nu s-au uitat la numărul participanţilor ca la un mod de aprobare că ceea ce se spune e corect. Ci s-au dus direct la firul cu plumb al Cuvântului veşnic al lui Dumnezeu.

Nu avem dreptul să trecem peste cartea pe care Duhul Sfânt a inspirat-o. Ea este circumferința cercului nostru spiritual.

În 1 Corinteni 4:6 Pavel spune: „Să nu treceţi peste ce este scris". Noi deplângem adesea bisericile liberale care scot pasaje din Cuvântul lui Dumnezeu, însă trebuie să fim conştienţi şi de acele biserici care fac contrariul. Este o ofensă la adresa lui Dumnezeu când cineva încearcă să adauge la Scriptură. Nu avem dreptul să trecem peste cartea pe care Duhul Sfânt a inspirat-o. Ea este circumferința cercului nostru spiritual. Duhul lui Dumnezeu nu se va contrazice niciodată pe Sine Însuşi. Atunci când trecem totul prin filiera Cuvântului lui Dumnezeu nu facem nimic altceva decât să-L onorăm din nou pe autorul ei, Duhul Sfânt.

Cum a început totul

Iată adevărul simplu din Noul Testament despre cum a luat fiinţă Biserica creştină:

În Fapte 1, Isus cel înviat s-a arătat ucenicilor sporadic timp de patruzeci de zile. Aceştia erau aceiaşi bărbaţi care au eşuat într-un mod lamentabil atunci când au venit necazurile odată cu arestarea Lui. Ei nu numai că s-au îndoit de Isus, ci chiar mai mult, s-au întors pe călcâie şi au şters-o. Petru a făcut chiar mai mult decât atât. El a negat pe faţă că L-ar fi cunoscut pe Isus, ajungând chiar să blesteme.

Cu toate acestea, Isus este pe punctul de a încredinţa acestor bărbaţi, şi nu altora, conducerea Bisericii nou-născute, care este Trupul Său!

Lumea, care zace în întuneric spiritual, are nevoie disperată de Evanghelia care a fost făcută desăvârşită prin moartea jertfitoare a lui Isus şi învierea Sa plină de putere. Ucenicii sortează acum în mintea lor toate aceste lucruri: de ce a trebuit Isus să moară, ce însemnătate are moartea Lui pentru omenire, marea misiune care le stă înainte. Versetele din Vechiul Testament capătă care mai de care sens pentru ei. Cristosul slăvit, cu urmele cuielor încă proaspete în mâinile Lui, le dă învăţături zi după zi.

Aţi crede că pe măsură ce se apropie ziua înălţării, Isus le va spune: „Pregătiţi-vă, bărbaţilor, să lansaţi o campanie majoră. Rezervaţi arena din Ierusalim pentru o serie de întâlniri a maselor. Începeţi să faceţi publicitate din timp. Poate că ar trebui chiar să vă împărţiţi pe echipe şi să luaţi cu asalt în acelaşi timp câteva dintre cetăţile lui Israel pentru un efect maxim. Mesajul răscumpărării prin moartea Mea pe cruce trebuie să se răspândească – imediat – cât mai departe!"

În realitate, El le spune tocmai contrariul.

> Pe când se afla cu ei, le-a poruncit să nu se depărteze de Ierusalim, ci să aştepte acolo făgăduinţa Tatălui, „pe care", le-a zis El, „aţi auzit-o de la Mine. Căci Ioan a botezat cu apă, dar voi, nu după multe zile, veţi fi botezaţi cu Duhul Sfânt."
>
> Deci apostolii, pe când erau strânşi laolaltă, L-au întrebat: „Doamne, în vremea aceasta ai de gând să aşezi din nou Împărăţia lui Israel?"
>
> El le-a răspuns: „Nu este treaba voastră să ştiţi vremurile sau soroacele; pe acestea Tatăl le-a păstrat sub stăpânirea Sa. Ci voi *veţi primi o putere când Se va coborî Duhul Sfânt peste voi* şi-Mi veţi fi martori în Ierusalim, în toată Iudeea, în Samaria şi până la marginile pământului."
>
> După ce a spus aceste lucruri, pe când se uitau ei la El, S-a înălţat la cer, şi un nor L-a ascuns din ochii lor. (Fapte 1:4–9)

Lumea este pe moarte; oamenii nu au Evanghelia; aceşti bărbaţi au în posesia lor mesajul vieţii; ei L-au văzut pe Isus în trup, umblând cu ei în toate zilele, atât înainte, cât şi după moartea şi învierea Sa – şi cu toate acestea El le spune să aştepte. De ce?

Cristos cunoaşte puterea şi întăriturile vrăjmaşului. El ştie cu ce se vor confrunta curând aceşti bărbaţi. El ştie de câtă înţelepciune, discernământ şi curaj vor avea nevoie. De aceea le spune: „Chiar dacă deţineţi mesajul corect, nu veţi duce niciodată la îndeplinire misiunea pe care v-am dat-o fără *puterea* [gr. *dunamis,* de unde avem cuvântul *dinamită,* n.ed.] Duhului Sfânt, care e mai mare decât a voastră. Capacitatea *Lui* supranaturală va fi cea care lucrează în voi şi prin voi. Nu mergeţi nicăieri până nu veţi primi acea putere."

Uimitor! Acest mesaj contrazice ceea ce auzim noi în zilele noastre: „Obţine o bună educaţie teologică şi apoi du-te şi predică mesajul pe care l-ai învăţat în sala de clasă." Cu toate acestea noi descoperim pretutindeni că predica în sine nu produce convertiri, nu duce la botezuri şi nu lărgeşte Împărăţia lui Dumnezeu. Majoritatea bisericilor nu lasă nicio urmă în masele de necredincioşi din jurul lor.

Putem da vina cât vrem pe cartierele problematice, pe gândirea New Age, pe divertismentul imoral. Dar când *nu* au fost împrejurările potrivnice Evangheliei? Gândiţi-vă cu ce s-a confruntat Biserica primară în Ierusalimul care îi era ostil şi în Imperiul Roman păgân. Cu toate acestea, ei au primit putere de sus şi au făcut lucruri măreţe pentru Dumnezeu fără să îşi vorbească doar lor înşişi. Predica şi mărturia lor aveau o dimensiune supranaturală de care, din nefericire, noi ducem lipsă astăzi.

Acum, mulţi dintre noi care avem personalităţi de tip A (sănătate bună şi disponibilitate de lucrare, n.ed.) nu vrem să auzim comanda „Aşteptaţi". Noi suntem nerăbdători să pornim la lucru. Am realiza însă cu mult mai mult dacă am petrece timp în aşteptarea puterii Duhului. Lucrarea Bisericii nu are nevoie numai de un mesaj corect despre Isus, ci şi de puterea pe care Isus a promis-o urmaşilor Săi.

Acum, mulți dintre noi care avem personalități de tip A (sănătate bună și disponibilitate de lucrare, n.ed.) nu vrem să auzim comanda „Așteptați". Am realiza însă cu mult mai mult dacă am petrece timp în așteptarea puterii Duhului.

Observați că Isus nu le spune să aştepte vreo anumită manifestare: limbile de foc, vântul puternic sau vorbirea în limbi. El i-a îndreptat spre nevoia lor de a primi *putere* spirituală. În Noul Testament balanța înclină întotdeauna spre puterea în sine, şi nu spre vreuna dintre manifestările care o însoțesc. Mă tem că astăzi această ordine a priorităților a fost inversată în unele cercuri. Oamenii sunt mai fascinați de manifestările vizibile decât de puterea reală care vine de la Duhul Sfânt, pentru a face lucrarea lui Dumnezeu. Dorința cea mai mare a credincioşilor Noului Testament era să primească o însuşire specială din partea lui Dumnezeu, manifestările erau efecte secundare neaşteptate.

Că ucenicii nu au priceput la început despre ce este vorba ne putem da seama din întrebarea profetică pe care o pun: „Doamne, în vremea aceasta ai de gând să aşezi din nou Împărăția lui Israel?" (v. 6). Curiozitatea lor ne aminteşte de timpurile moderne, cu cărțile de tot felul şi conferințele despre vremurile din urmă, însă acordând o atenție limitată problemelor noastre mult mai presante. „Nu este treaba voastră să ştiți vremurile sau soroacele"; le-a spus Isus cu hotărâre, „pe acestea Tatăl le-a păstrat sub stăpânirea Sa" (v. 7). El le-a spus să se obişnuiască cu lipsa de precizie în privința acestor subiecte. Marea Trimitere a Bisericii nu este să clarifice ce înseamnă „semnul Fiarei", sau cine este

„ursul de la nord", sau dacă Templul din Ierusalim va fi sau nu va fi vreodată reclădit.

În schimb, Isus le-a dat ucenicilor o promisiune divină, care nu a fost niciodată revocată: „Ci voi veți primi o putere, *când* Se va coborî Duhul Sfânt peste voi, şi-Mi *veți fi* martori" (v. 8). Cu alte cuvinte, Marea Trimitere de a evangheliza este lucrarea importantă a Bisericii – şi ea va fi făcută numai prin puterea Duhului Sfânt.

Aşa cum ştiți, imediat după înălțarea Domnului, ucenicii s-au reîntors în Ierusalim şi au început o întâlnire de rugăciune prelungită. Acesta a fost cadrul în care s-a născut Biserica. Ei au aşteptat cu răbdare în prezența lui Dumnezeu ca să vină asupra lor puterea şi să-i ridice mai presus de ei înşişi.

Petru nu va mai fi de acum Petru gafistul; el va fi Petru, marele predicator. El va fi transformat, nu învățând ceva nou din Scriptură, ci experimentând o nouă dimensiune a Duhului lui Dumnezeu. Nu sentimentalismul, fanatismul sau autosugestia vor fi cele care îl vor ajuta să înfrunte obstacolele care îi stăteau în față. Ci va fi realitatea împuternicirii în mod supranatural de către Dumnezeu a slujitorului Său ca să-şi poată duce la îndeplinire sarcina dată.

De la paste la predică

În unele aspecte povestea lui Petru se aseamănă cu cea a prietenului meu Michael Durso, pastor al unei biserici numite Christ Tabernacle, pe care noi am ajutat-o să ia ființă cu mai bine de 15 ani în urmă. Dacă ar fi să o vizitezi astăzi, în secțiunea Glendale a cartierului Queens, ai găsi mai mult de 1500 de credincioşi adunați duminica să se închine Domnului şi să Îl aducă pe Cristos în zona lor de oraş aflată în nevoie. Majoritatea membrilor nu au maşină; vin la biserică cu mijloacele de transport în comun. Cu toate acestea, sute de astfel de oameni fac efortul de a se întoarce marțea seara pentru întâlnirea de rugăciune de la Christ Tabernacle, un serviciu impresionant de chemare a Domnului. (Cititorii cărții mele *Credință proaspătă* își vor aminti că într-o astfel de întâlnire de rugăciune și-a predat inima Domnului, într-un mod dramatic, Calvin Hunt și a fost eliberat de obiceiul distrugător de a consuma cocaină crack. El este și astăzi un interpret de muzică gospel.)

Când pastorul Durso își deschide Biblia să predice, nu ai bănui că el, asemeni lui Petru, nu a ajuns aici pe obișnuita cale a slujirii. Crescut într-o familie de italieni catolici, el a fost primul dintre cei trei fii destinați să preia afacerea cu paste a familiei. Toți din acea zonă știau că dacă vrei cele mai bune și mai proaspete paste linguine sau mozzarella pentru masa specială de duminică, magazinul lui Durso de pe Utopia Parkway era locul unde le găseai. Încă din adolescență, Michael era mereu în spatele tejghelei sau pe teren livrând împreună cu frații lui comenzile la domiciliu.

Bani erau din plin, iar Michael se dovedea capabil să facă și mai mulți. Tatăl lui era mulțumit. Tânărul bărbat a terminat un liceu catolic și s-a angajat imediat cu normă întreagă în afacerea familiei. După câțiva ani, a întâlnit o fată pe nume Maria, care moștenise și ea o sumă frumușică de bani. Amândoi s-au angrenat în viața trepidantă a drogurilor de primă clasă de la începutul anilor '70.

„Nu am ieșit niciodată pe stradă pentru a ne procura drogurile; tranzacția era întotdeauna aranjată de oameni care veneau să se întâlnească cu noi în camere de hotel sau în apartamentul unde locuiam împreună", explică Michael. „Totul era foarte elegant. Nouă ne plăcea în mod special să facem cocktail-uri din diferite droguri amestecate laolaltă – heroină, quaalude (substanță sedativă și hipnotică, n.tr.), acid, cocaină – ca apoi să ne putem mândri."

Michael era obișnuit să-și facă vacanțele în stațiuni exotice unde drogurile și imoralitatea erau la ordinea zilei. Pentru un sezon era în Tahiti sau Bora-Bora, în sudul Pacificului, pentru un altul în Saint Martin sau Guadaloupe din Insulele Caraibe, pentru un altul în Africa de Nord. Tatăl lui Michael nu s-a amestecat prea mult atâta timp cât afacerea a rămas profitabilă – şi Michael reuşea să menţină la suprafaţă ambele lui feluri de viaţă.

Apoi, într-o zi, în timp ce se aflau într-o staţiune din Mexic, Maria a făcut o afirmaţie ciudată: În ultimul timp ea avea un sentiment vag de goliciune în ciuda bogăţiei lor şi a vieţii dusă în plăceri. Poate că, întorşi în New York, ar trebui să meargă la biserică. Ea a spus că Dumnezeu părea să îi zică: *Dă-mi viaţa ta.*

Michael s-a enervat puţin. S-a încruntat, însă şi-a dat acordul doar pentru a face pace cu ea. „La urma urmelor nu îmi doream ca ea să se îmbufneze şi să îmi întoarcă spatele tocmai în timpul vacanţei."

Şi aşa a ajuns tânărul cuplu la serviciul de duminică seara al unei biserici evanghelice din secţiunea Bay Ridge a cartierului Brooklyn, însoţiţi de câteva dintre prietenele Mariei care deveniseră credincioase de curând. Michael îşi aminteşte că avea o atitudine sfidătoare. Ba chiar îşi luase droguri la el ca să le aibă la îndemână în momentul în care se termina serviciul bisericii şi el ar fi putut să o atragă pe Maria la unul dintre cluburile din Manhattan pentru tot restul nopţii.

„M-am îmbrăcat cât de extravagant am putut, într-un costum de piele neagră mulat pe corp, cizme galbene şi patru cercei într-o singură ureche. Nu doream decât să îi şochez pe aceşti oameni religioşi. Am înaintat până la unul dintre rândurile din faţă şi când a început să se cânte, eu şarjam şi băteam din palme cu entuziasm. Când a venit timpul să îi salutăm pe cei din jurul nostru, eu i-am salutat cordial pe toţi cei din jurul meu. Eram cât se poate de insuportabil.

În seara aceea au avut un invitat, un evanghelist din Texas, îmbrăcat într-un costum western şi cu o pălărie mare de cowboy. Am chicotit pe seama accentului lui de sudist. Nu îmi amintesc nimic din ce a spus. Nu îmi doream decât să plec."

Apoi, întâlnirea a fost încheiată cu o invitație de a-L primi pe Cristos. Pe neaşteptate, Michael a devenit serios. „Dintr-odată m-am simțit copleşit. Ştiam că viața mea se îndrepta spre iad. Toată încrederea în educația mea religioasă şi în imaginea mea de şmecher au dispărut. Mi s-a făcut ruşine de cum arătam. Atât eu, cât şi Maria am ieşit în față.

Împrejurul nostru s-au adunat oameni care au început să se roage pentru noi. Amândoi am început să plângem. Imediat după aceea s-a apropiat şi pastorul de noi şi a făcut ceva foarte neobişnuit: ne-a uns pe frunte cu ulei şi apoi a zis: «Doamne, mă rog ca această pereche să fie folosită de Tine în zilele şi anii care vin.» Am rămas uluiți."

„Dintr-odată m-am simțit copleșit. Știam că viața mea se îndrepta spre iad. Toată încrederea în educația mea religioasă și în imaginea mea de șmecher au dispărut." – Michael Durso

Tânăra pereche nu a mai ajuns la niciun club în acea seară. S-au întors în apartamentul lor de la etajul al şaselea şi, cercetați de Duhul Sfânt, au început să facă imediat curățenie. Capacul crematoriului de gunoi al clădirii lor s-a întâmplat să fie chiar în apropierea uşii lor şi curând s-au apucat să care brațe întregi de lucruri pentru a le arunca. „Nimeni nu ne-a spus să facem aceasta – aşa am găsit noi că e nimerit. Mai întâi s-a dus teancul de reviste dubioase. Apoi a venit rândul colecției de muzică. Apoi toate accesoriile pentru droguri – seringile, lingurile de aur pentru inspirarea cocainei etc. – s-au dus în jos pe burlan. Au mai fost apoi şi bijuteriile furate.

Într-un sfârşit am ajuns la dulapurile de haine. Multe lucruri erau de-a dreptul senzuale şi trebuiau să fie aruncate. Eu aveam o cămaşă din piele de antilopă, cu câte o femeie brodată pe fiecare umăr, făcută la comandă şi care fusese foarte scumpă, dar de care ştiam că trebuie să scap. Pe la miezul nopții aveam deja puşi în crematoriu mii şi mii de dolari.

Prin minte mi-a trecut un gând fugar: *Am fi putut cel puțin să vindem unele dintre aceste lucruri – sau să le fi dat prietenilor noștri.* Dar apoi mi-am dat seama că nu, ele trebuiau să fie distruse."

Nici nu venise sfârşitul săptămânii şi Michael se şi mutase din apartament în casa părinților lui până când se putea aranja o căsătorie legală. Tânărul cuplu părea să nu mai ia în seamă nicio altă opțiune decât cea de a merge la un ofițer al stării civile de la primăria din Manhattan, într-o luni dimineața – lunea fiind singura zi din săptămână când nu se lucra în afacerea familiei Durso.

După un timp Michael şi Maria au venit la Brooklyn Tabernacle şi au început să caute să se fundamenteze în credința creştină. Noi am observat la amândoi o dorință de a-L urma pe Dumnezeu, de a studia Cuvântul Său şi de a depune mărturie despre harul şi dragostea Sa. Michael a devenit uşierul bisericii, iar Maria ajuta în lucrarea cu adolescenții. Apoi ei au organizat o misiune pe stradă, mobilizând grupuri dintre membrii corului şi pe alți lucrători pentru a da concerte în aer liber în timpul verii. În timpul iernii aceleaşi grupuri erau duse să slujească în închisori. Ori de câte ori aveam nevoie de ajutor pentru un anumit lucru, Michael era gata să-şi ia liber de la serviciu şi să se implice.

Maturizarea lor în Dumnezeu devenise evidentă peste ani: studiau Biblia cu atenție, erau întotdeauna prezenți la serviciile de închinare şi rugăciune şi dovedeau o înzestrare dumnezeiască în lucrarea cu oamenii. Pentru ei, nimeni nu era prea jos, prea murdar sau prea căzut. Ei ştiau din propria lor experiență cu Dumnezeu că nimic nu era imposibil.

Anii au trecut şi, în 1984, consiliul unei biserici cu probleme din secțiunea Greenpoint a cartierului Brooklyn a luat legătura cu mine şi s-a oferit să îmi predea clădirea şi cei 25 000 de dolari din contul bancar al bisericii, dacă le voi promite să sprijin lucrarea atât timp cât voi trăi. Era un dar minunat de la Dumnezeu şi echipa noastră de pastori a început să se roage pentru cea mai bună modalitate de a începe o biserică nouă în această secțiune. Cu toții am simțit că Duhul lui Dumnezeu ne îndrepta atenția înspre Michael şi soția lui ca ei să fie cei care să pornească în această aventură nouă.

Când într-un final i-am vizitat pe Michael şi Maria, într-o vineri seara, să le spun că după în opinia mea ei ar trebui să păstorească această lucrare, nu le-a venit să creadă ce le sugeram. Acest pas ar fi însemnat în cele din urmă părăsirea afacerii de familie profitabile. Iar Michael nu avea nici pregătirea dată de seminar, care li se cere pastorilor.

Eu credeam din toată inima că ei posedau ceva vital: ungerea Duhului Sfânt şi inimi smerite care să caute voia lui Dumnezeu.

Timpul a dovedit că această alegere a fost cu adevărat ceea ce Dumnezeu dorea. Am trimis împreună cu Michael în jur de 30 de membri ca să-l ajutăm să înceapă, iar mica biserică a crescut şi a crescut până când a trebuit să fie mutată într-o altă clădire. Astăzi ea se adună într-un fost teatru şi este unul dintre cele mai puternice faruri din oraşul nostru, aducând oameni la Cristos într-un mod impresionant.

Puterea de care avem cea mai mare nevoie

Dumnezeul care i-a împuternicit pe Simon Petru şi pe Michael Durso este acelaşi Dumnezeu care aşteaptă să ne împuternicească şi pe noi. Necesitatea din ziua de azi de a înfrunta lucrările întunericului este mai imperioasă decât a fost vreodată. Influența dezmățului şi a violenței asupra vieților oamenilor nu va fi distrusă prin vorbe dulci. Există un antidot divin la puterile demonice care îi împing pe tineri să împuşte în şcoli şi să se plece în fața impulsurilor întunecate. Singura noastră speranță stă în puterea Duhului Sfânt.

Marele predicator baptist, Charles Spurgeon, a recunoscut că: „Nu putem face nimic fără Duhul lui Dumnezeu. Noi suntem asemenea unor corăbii fără vânt sau a unor care fără cai.

Ne uscăm, ca ramurile fără sevă. Suntem nefolositori, precum cărbunii fără foc."[7]

Poate că organizarea măiastră, picnicurile şi producţiile teatrale îşi au locul lor în biserică, dar cum vor putea ele oare să combată răul care ne escaladează în prezent? Cum vor rupe ele strânsoarea materialismului care înăbuşă vieţile oamenilor? Ideea că biserica este doar un centru de educaţie sau un loc unde să fugi de lume nu este o imagine corectă. Noi avem o misiune dată de Însuşi Isus şi numai revărsarea puterii Duhului ne va face în stare să aducem vreo schimbare.

Promisiunea acestei înzestrări divine din Fapte 1:8 a fost de fapt ultimul lucru pe care Isus l-a spus înainte de înălţarea Sa. Ori de câte ori ucenicii s-ar fi gândit la acest moment memorabil, în urechile lor ar fi continuat să răsune cuvintele: *veţi primi o putere... Îmi veţi fi martori... veţi primi o putere... Îmi veţi fi martori...* Domnul lor promisese că îi va echipa într-un mod supranatural pentru a pune bazele Împărăţiei Lui în Iudeea, Ierusalim şi Samaria şi până la marginile pământului.

Capitolul 3

Ceva din cer

Imaginați-vă că prin vreo tehnică de comprimare a timpului v-ați putea întoarce cu două mii de ani înapoi, în camera de sus din Ierusalim, la o săptămână după înălțarea Domnului. Aşa cum stai acolo într-un colț aş vrea să te uiți cu atenție la bărbații şi femeile care se află în acest loc. Aruncă-ți privirea peste mulțime şi uită-te la fețele lor. Ce vezi? Gândeşte-te cine sunt şi de unde vin ei.

Prima întrebare ar fi evident legată de apostoli şi de motivul pentru care Domnul Isus i-a ales tocmai pe ei ca lideri. De ce nu a selectat El rabini şi învățați ai Legii? Ar fi putut alege oratori învățați care să influențeze mii de oameni cu arta discursurilor lor. În locul acestora vezi nişte pescari. Vezi un fost vameş. Vezi un fost membru al zeloților, o grupare politică radicală. Vezi oameni obişnuiți. Nimeni, în procesul de selectarea a unui comitet executiv, nu i-ar fi ales pentru o astfel de conducere crucială. Aceştia ar fi ultimii oameni pe care i-ați fi pus deoparte pentru a lansa o mişcare religioasă.

Bineînțeles că Isus a făcut-o cu un anume scop. El ştia că le va fi aproape imposibil să se bazeze pe capacitatea lor umană; ei vor trebui să se agațe de promisiunea Lui că le va da „putere de sus". El ştia că mult prea adesea oamenii, cu cât devin mai educați, cu cât sunt mai sclipitori şi cu cât au o cale mai bună către influența omenească, bani, putere... cu atât vor tinde mai mult să îşi întoarcă privirea de la puterea lui Dumnezeu. Se vor încrede din ce în ce mai puţin în harul lui Dumnezeu.

Mai rău chiar decât ceea ce am descris deja este faptul că acest grup din camera de sus includea bărbaţi cu eşecuri spirituale recente. Numai cu câteva săptămâni în urmă, într-un moment de criză, ei şi-au abandonat conducătorul. Cei trei ani de ucenicie în învăţătura lui Isus s-au dus dintr-odată pe apa sâmbetei. Toate lecţiile pe care le-au învăţat (şi cine i-ar fi putut învăţa adevărul mai desăvârşit şi mai inteligent decât Fiul lui Dumnezeu?) păreau să nu fi însemnat nimic. Ei Îl priviseră acţionând în orice fel de situaţie; Îl văzuseră stând drept şi făcând faţă presiunii în dezbaterile viguroase cu fariseii; îşi ţinuseră respiraţia când, plin de curaj, El a scos afară puterile întunericului. Cu toate acestea, când a venit ceasul să treacă ei înşişi prin criză, au dezertat. Când focul i-a ajuns la tălpi, au fugit să caute umbrele. Toată învăţătura bună şi tot exemplul bun s-au evaporat în frigul nopţii din Ghetsimani.

Nu numai că au dovedit o laşitate surprinzătoare, dar unul dintre ei, Petru, s-a ascuns în spatele unei negări de proporţii a lui Isus. De fapt, el a repetat de trei ori că nici măcar nu Îl cunoaşte pe Cristos – ultima repetare fiind punctată de blasfemie.

Câteva zile mai târziu, când lui Toma i s-a spus că Isus a revenit dintre cei morţi, el era atât de adâncit în îndoială şi autocompătimire încât în esenţă a spus: „În niciun caz! E imposibil."

Aţi îndrăzni să clădiţi vreun viitor pe un astfel de grup? Eu nu.

Un lot dat pradă uitării

În ciuda tuturor acestor dovezi, aceşti oameni se află în camera de sus, aşteptând, rugându-se sau poate cântând din când în când. Un sentiment profund de singurătate le cuprinde duhurile. Imagini cu Isus se perindă pe ecranul minţii lor…

Isus umblând pe apă, Isus potolind furtuna, Isus hrănind mulțimi fără număr. Toate acestea sunt acum trecute, iar Isus e undeva departe... nici ei nu știu exact unde.

Se chinuiesc ori de câte ori își amintesc cum L-au abandonat pe Învățătorul lor în ceasul cel mai greu. Poate că ar trebui să plece și să se risipească. Dar și aceasta ar fi periculos. Ei se află, la urma urmelor, în mijlocul Ierusalimului, orașul care nu cu mult timp în urmă a strigat ca Isus să fie crucificat și care cu siguranță nu avea niciun fel de simpatie pentru foștii Lui urmași. Ce se va alege de ei?

Da, le spusese înainte de a se înălța că vor primi un fel de *putere* când va veni Duhul Sfânt peste ei (indiferent ce ar putea să însemne aceasta) și vor fi martorii Lui până la marginile pământului. Dar cum s-ar putea împlini așa ceva? Cine era acest alt Mângâietor care va fi cu ei necurmat și care îi va transforma în luptători viteji ai lui Dumnezeu? Cu siguranță ceva de neimaginat, cineva puternic sau ceva care va trebui să îi preschimbe în campioni spirituali.

Scriptura ne spune apoi:

> În ziua Cincizecimii, erau toți împreună în același loc. Deodată a venit din cer un sunet ca vâjâitul unui vânt puternic și a umplut toată casa unde ședeau ei. Niște limbi ca de foc au fost văzute împărțindu-se printre ei și s-au așezat câte una pe fiecare din ei. Și toți s-au umplut de Duh Sfânt și au început să vorbească în alte limbi, cum le da Duhul să vorbească. (Fapte 2:1–4)

Nu mă interesează atât de tare fenomenele individuale prezentate aici – vântul, focul, vorbirea în limbi – pentru a mă concentra asupra lor cât mă interesează să țin sus adevărul de bază și anume că *ceva supranatural a venit din cer și a luat în stăpânire bărbați și femei de pe pământ, schimbându-i pentru totdeauna.*

Cred că noi nu ne mai minunăm acum pentru că suntem atât de obișnuiți cu pasajul. De vreme ce Duhul Sfânt *este*

Dumnezeu, cât de adâncă este semnificaţia acestor cuvinte: „toţi *s-au umplut de Duh Sfânt*"? Ei s-au umplut de Dumnezeu Însuşi!

Uitaţi pentru un moment ce v-au învăţat alţii referitor la acest pasaj. Staţi deschişi înaintea a ceea ce a făcut Dumnezeu aici. Aceşti bărbaţi şi femei slabi nu au primit ajutor ici colo, ci ei au fost *umpluţi* cu Dumnezeu Duhul Sfânt.

Putere pentru acum

Cine poate nega că nu aceasta este cea mai mare nevoie din bisericile noastre astăzi? E lucrul pe care îl cer cu disperare toţi pastorii, începând cu mine. Avem nevoie de ceva care să poarte pecetea cerului. Prea mult din viaţa noastră religioasă este alcătuită din programe, idei, talente şi strategii omeneşti. Deşi acestea au valoare, ele eşuează jalnic în faţa nevoilor de acum. Astăzi lipseşte ceva care să vină chiar din cer, ceva de la Dumnezeu Duhul Sfânt care să umple şi să inunde vieţile noastre.

Prea mult din viaţa noastră religioasă este alcătuită din programe, idei, talente şi strategii omeneşti. ... Astăzi lipseşte ceva care să vină chiar din cer.

Acesta a fost întotdeauna planul lui Dumnezeu pentru Biserica Sa. Luaţi, de exemplu, afirmaţia Bibliei: „Dacă vorbeşte cineva, să vorbească cuvintele lui Dumnezeu" (1 Petru 4:11). Cât a trecut de când nu aţi mai auzit o astfel de predică plină de autoritate şi care să răscolească inima? Prea multe servicii de biserică au devenit din ce în ce mai predictibile şi mai plictisitoare. De-a lungul secolelor, mulţi duşmani ai creştinismului şi-au dezvoltat ideile lor agnostice mergând la biserici care susţineau că sunt „creştine", dar care erau de fapt îngrozitor de sterpe şi moarte spiritual. Cum poate Dumnezeu să fie real şi eficace dacă principala Lui reprezentare este acest gen de biserică? Să lăsăm la o parte doar citarea versetelor din Biblie; acei oameni căutau o dovadă cât de mică a creştinismului trăit în trup de carne şi sânge.

Mulţi oameni astăzi, chiar membri ai bisericilor, sunt de acord cu criticile, chiar dacă sunt prea politicoşi ca să spună. Programul bisericii poate fi perfect din punct de vedere doctrinar în toate detaliile – însă nu are nimic *din cer* care să îi capteze. Ne trezim prea adesea discutând doar despre cuvinte şi fraze, despre poziţii doctrinare şi tradiţii confesionale – dar unde este puterea Duhului Sfânt în toate acestea?

Prin contrast, vedem cum Biserica Noului Testament şi conducătorii ei aveau întâlniri regulate cu Dumnezeul cel viu. Acest sentiment al prezenţei divine i-a făcut să îngenuncheze pe cei mai împietriţi păcătoşi. Conştiinţele lor erau străpunse de Cuvântul plin de putere. Duhul Sfânt crea o atmosferă care numai searbădă şi obişnuită nu era.

Şi, de fapt, acest gen de predicare plină de har a stârnit controverse. Cetăţenii cu vază, din cel puţin un oraş, Tesalonic, s-au plâns: „Oamenii aceştia, care au răscolit lumea, au venit şi aici" (Fapte 17:6). Din nefericire, la fel se întâmplă şi în bisericile noastre astăzi. Simpla menţionare a promisiunii lui Dumnezeu referitoare la acest „ceva din cer" îi neliniştește pe oameni când ea pare să le scufunde barca sau să aducă vreo schimbare de la ordinea programului aşa cum e el tipărit în foaia de informare a bisericii.

Aţi participat vreodată la vreo întâlnire unde, spre exemplu, o cântare v-a ajuns la inimă într-un mod cercetător şi cu toate acestea blând? Ea nu mai era doar o simplă combinare de versuri şi note; ea devenise un mesaj trezit la viaţă în inima voastră de către Duhul Sfânt. Aţi ascultat vreodată o predică ce v-a pătruns în inimă până în adâncurile ei şi s-a adresat exact nevoii voastre spirituale? Stăteaţi acolo gândindu-vă: *Acest vorbitor nu are de unde să ştie cum sunt eu sau cu ce mă lupt chiar acum. Și cu toate acestea, mesajul lui e făcut ca și când mi-ar putea citi gândurile. Dumnezeu trebuie să fi fost cel care i-a zis ce să spună astăzi.*

Vânt, foc, glas

Ceea ce a făcut Dumnezeu în ziua Cincizecimii a fost plin de dramatism şi de putere. Unul dintre simbolurile biblice ale Duhului Sfânt este vântul, iar vântul din acea zi, din camera de sus, nu a fost o adiere slabă; potrivit cu Fapte 2:2 el a fost „puternic" („violent" în engl. n.tr.). Mulți dintre noi avem nevoie de un vânt exact la fel de puternic care să ne scoată din reziduurile pe care le-am acumulat. Multe dintre bisericile noastre au nevoie de câte o vizită a Duhului Sfânt de genul unui uragan. Viețile noastre spirituale au nevoie de o renovare majoră, nu doar de rearanjare a mobilei. Gândiți-vă cum ar fi afectate oraşele şi satele dacă bisericile creştine ar începe să se roage ca vântul lui Dumnezeu să sufle asupra lor.

Focul este un alt simbol al Duhului Sfânt şi limbile de foc s-au aşezat în acea zi pe capul fiecăruia dintre cei 120 prezenți – bărbați şi femei deopotrivă. Nu s-au aşezat numai pe capul apostolilor. Dumnezeu Duhul Sfânt a venit la fiecare credincios, de vreme ce toți aveau nevoie în mod egal de puterea Lui pentru a face voia lui Dumnezeu cu privire la viețile lor.

După aceea, oamenii din camera de sus au vorbit în limbi pe care ei nu le cunoşteau „după cum le dădea Duhul" (v. 4). Extaticele limbi care curgeau fluent din gurile acestor oameni obişnuiți au fost identificate de vizitatorii din toată zona mediteraneană care veniseră în acea săptămână la Ierusalim. Efectul imediat al botezului lor cu Duhul Sfânt a fost că ei au început să facă lucruri pe nu le-ar fi putut face în mod obişnuit.

Fără să intrăm în controversele referitoare la vorbirea în limbi, să ne concentrăm atenția asupra punctului principal din acest pasaj: Dumnezeu prin Duhul Său a dat posibilitatea unor femei şi bărbați obişnuiți să facă şi să spună lucruri care întreceau abilităţile lor naturale. Ei au fost înzestraţi cu putere într-un mod supranatural. Nu exista nicio explicaţie omenească pentru ceea ce se petrecea acolo.

Aceasta este, într-un fel sau altul, povestea fiecărui bărbat, femeie sau biserică pe care Dumnezeu i-a folosit vreodată într-un mod minunat spre gloria Sa. Ei au fost aprinşi de Dumnezeu şi acea experienţă a avut impact asupra lumii din jurul lor.

Lăudat să fie Dumnezeu pentru puterea Lui de a ne ridica deasupra noastră înşine! Altfel, unde am fi fost noi toţi? În special cei asemeni mie şi soţiei mele, Carol, care nu am reuşit niciodată să absolvim un colegiu sau institut biblic ... sau alţii care spun: „Nu am talentul sau capacitatea necesară." Noi putem să ne încurajăm din faptul că aceşti pescari şi alţi „rataţi", după standardele lumii, au fost luaţi în stăpânire de Dumnezeu şi înălţaţi în locuri uimitoare. Aceleaşi guri care s-au luat la ceartă referitor la cine era cel mai mare, aceleaşi guri care L-au lepădat pe Domnul şi s-au îndoit de învierea Lui erau acum luate în stăpânire chiar de cer şi puse să declare „lucrurile minunate ale lui Dumnezeu" (v. 11).

Duhul Sfânt este şi astăzi mai tare decât toate slăbiciunile şi defectele noastre. El a venit să ne elibereze de constrângerile şi complexele unui talent insuficient, ale unei inteligenţe sau educaţii insuficiente. El intenţionează să facă prin noi ceea ce numai El poate face. Problema nu e capacitatea noastră, ci mai degrabă disponibilitatea noastră faţă de persoana Duhului Sfânt.

De fapt, acesta este modul bine stabilit al lui Dumnezeu de a ne echipa, pentru că el nu lasă loc de îndoială în privinţa cui ar trebui să primească toată gloria. Dacă rezultatele ar fi produse de intelectul, abilităţile şi talentele noastre umane, atunci noi am fi putut merge ţanţoşi spunând: „Hei, e ceva de noi, nu crezi?" (Apropo, chiar aceasta este atitudinea prea multor biserici care funcţionează pe baza programelor şi a talentelor omeneşti, şi nu pe manifestarea puterii Duhului Sfânt.)

Însă bărbații și femeile care sunt cu adevărat folosiți de Dumnezeu se smeresc, pentru că ei cunosc adevărata sursă a puterii lor. Gândiți-vă cum s-au bucurat Petru și ceilalți în acea noapte înainte de a adormi în paturile lor. Harul lui Dumnezeu și puterea Duhului s-au dovedit a fi mai mari decât eșecul și limitările lor omenești.

Isus le-a spus odată ucenicilor: „Când vă vor da în mâna lor, să nu vă îngrijorați, gândindu-vă cum sau ce veți spune; căci ce veți avea de spus vă va fi dat chiar în ceasul acela; fiindcă nu voi veți vorbi, ci Duhul Tatălui vostru va vorbi în voi" (Matei 10:19–20). Vedem acest lucru repetându-se mereu și mereu în cartea Faptele apostolilor, nu numai cu Petru și Pavel, dar și cu alții precum Ștefan; ei sunt târâți înaintea autorităților și deodată de pe buzele lor iese un mesaj care poartă semnătura Duhului Sfânt.

Nu sunt împotriva notițelor și a schițelor de predici ale predicatorilor. Nu este însă tragic că mulți pastori își petrec adesea ceasuri întregi perfectând fiecare nuanță a predicii lor și abia dacă investesc vreun pic de timp în rugăciune și așteptare înaintea Domnului ca să fie reîmprospătați de Acela care îi poate ajuta într-un mod supranatural? Nu de istețime sau oratorie avem noi nevoie astăzi, ci de mesaje din Cuvântul lui Dumnezeu, făcute vii de către Duhul Sfânt!

D.L. Moody, așa cum poate știți, nu a avut niciodată studiile necesare pentru a fi ordinat. De aceea el a fost numit întotdeauna simplu „domnul Moody." Era mic de statură, îndesat și deloc plăcut la înfățișare. Făcea regulat greșeli de pronunție. Dacă i-ai citi corespondența personală, ai vedea tot felul de erori de scriere și punctuație.

Și totuși el a vorbit mai multor oameni și a adus mai mulți dintre ei la Cristos decât oricare alt lucrător din secolul al XIX-lea. Cum a fost posibil așa ceva?

Moody spunea că punctul de cotitură a fost ceva ce s-a întâmplat în apropiere de cartierul Brooklyn, unde este situată biserică noastră, de cealaltă parte a East River, în timp ce se plimba tocmai pe Wall Street! Pe la sfârşitul lui 1871, doar la câteva săptămâni după marele incendiu din Chicago, Moody, în vârstă de 34 de ani, a venit spre est în încercarea de a strânge bani pentru a reconstrui clădirile pe care le pierduse. Dar, scrie el:

> Inima mea nu se pricepea la arta cerşitului. Nu puteam cere ajutorul. Mă rugam tot timpul ca Dumnezeu să mă umple cu Duhul Său. Până când, într-o zi, în oraşul New York – o, şi ce zi! – nu pot să o descriu. Amintesc rar de ea; e o experienţă aproape prea sacră ca să o definesc.... Nu pot decât să spun că Dumnezeu mi s-a revelat pe Sine Însuşi şi am experimentat dragostea Lui într-o aşa măsură, încât a trebuit să-I cer să nu stea atât de aproape de mine. M-am întors din nou să predic. Predicile nu erau diferite; nu prezentam adevăruri noi şi cu toate acestea sute de oameni se converteau. Nu m-aş întoarce acum la starea în care eram înainte de acea experienţă binecuvântată, chiar dacă mi-ai da toată lumea.[1]

Fie ca toţi să primim, la fel ca domnul Moody, ceva proaspăt de la Duhul Sfânt care revoluţionează vieţile noastre spirituale!

O mulţime curioasă

Venirea Duhului Sfânt peste ucenici şi puterea divină pe care a adus-o El a strâns o mare mulţime, primul auditoriu de acest gen care s-a arătat interesat de discipolii recentului crucificat Isus. Întotdeauna se vor aduna mulţimi atunci când Duhul Sfânt lucrează în mijlocul poporului lui Dumnezeu. Petru a recunoscut ocazia potrivită de a evangheliza şi s-a ridicat să predice. Cum urma să se descurce?

Acesta era un om care avea puţină educaţie, dacă nu chiar deloc, şi de meserie era pescar. Acesta era cel care, cu mai puţin de două luni în urmă, s-a lepădat de Domnul cu vehemenţă. Acesta era bărbatul care, chiar şi după ce L-a văzut pe

Domnul înviat, a ales să uite de chemarea Lui şi să se reîntoarcă la pescuit (Ioan 21). Acesta era omul care în situațiile delicate se făcea neplăcut intervenind când nu trebuia. Care biserică respectabilă l-ar lăsa astăzi pe acest om la amvonul ei? Auzi deja introducerea: „Frați şi surori, să-i urăm un bun venit fratelui Petru, care doar cu câteva luni în urmă a negat că L-ar fi cunoscut pe Isus..."? Mă îndoiesc.

Totuşi Petru a vorbit minunat, cu claritate şi putere. El a citat atât din profetul Ioel, cât şi din cartea Psalmilor pasaje lungi, aparent din memorie. Când a terminat, oamenii „au rămas străpunşi în inimă" şi au început să strige: „Ce să facem?" (v. 37). La sfârşitul întâlnirii aproape trei mii de oameni au fost mântuiți. O primă ieşire bunişoară pe teren pentru predicatorul debutant.

Ce anume l-a făcut diferit? Singura variabilă în ecuație era că acum Petru fusese umplut de Duhul Sfânt. E aproape incredibil când ne amintim că Petru a umblat cu Isus timp de trei ani, că a primit învățătură, pregătire şi un exemplu moral de neegalat în toată istoria şi că, totuşi, toate acestea nu au făcut niciodată din Petru omul pe care Dumnezeu intenționa să-l facă. Lucrurile s-au schimbat cu adevărat abia când îl vedem pe Petru „plin de Duhul Sfânt". Nu e de mirare că Isus a ținut să îi asigure că vor veni zile mai bune pentru ei toți, când Duhul Sfânt, Ajutorul lor nevăzut, va veni peste ei cu putere.

Aşa cum Samuel Chadwick a spus succint: Fără Duhul Sfânt, religia creștină este fără speranță."[2]

Nu este îndeajuns să predăm și să predicăm despre Duhul. Noi trebuie să-L cunoaștem personal în profunzimi noi, altfel nu vom realiza prea multe. ✳

La aceasta eu aş adăuga că în special lucrarea este lipsită de speranță fără Duhul Sfânt. Fiecare pastor să citească acum cu atenție: Încercarea noastră de a intra în lucrare va fi o inutilitate absolută dacă nu aşteptăm şi nu experimentăm ajutorul divin prin puterea Duhului Sfânt.

Nu este îndeajuns să predăm şi să predicăm despre Duhul. Noi trebuie să-L cunoaştem personal în profunzimi noi, altfel nu vom realiza prea multe. Fără Duhul Sfânt, Scriptura nu prinde viață. Închinarea e lipsită de valoare. Predicarea este mecanică, fără să străpungă inima. Convingerea de păcat este aproape inexistentă. Credința e mai mult la nivel intelectual, decât simțită cu inima. Întâlnirile de rugăciune dispar treptat. Programele bisericeşti devin rutină. Şi, în cel mai bun caz, creştinii se păstrează căldicei.

Dumnezeule, Te rog, trimite Duhul Sfânt peste noi și trezește-Ți poporul.

Nu fac niciun fel de chemare aici spre fanatism. Nu avem nevoie de muzicieni care să conducă publicul spre un anume gen de frenezie. Nu avem nevoie de manifestări manipulate sau de daruri contrafăcute. Dar avem nevoie de adevăratul Duh Sfânt, care să vină cu putere peste noi, peste toate bisericile noastre, de oricare confesiune sau tradiție ar fi ele.

Luați aminte la acuzația curajoasă de acum un secol a lui Chadwick:

> Biserica are încă o teologie despre Duhul Sfânt, dar nu are nici o conştiență vie a prezenței şi puterii Lui. Teologia fără experiență este asemenea credinței fără fapte – moartă. Semnele morții abundă. Întâlnirile de rugăciune au dispărut pentru că oamenii nu au crezut în Duhul Sfânt. Libertatea prorocirii s-a stins deoarece oamenii cred în investigare şi nu în inspirație. Există o lipsă a convertirilor deoarece credința în privința naşterii din nou ca act creator al Duhului Sfânt şi-a pierdut puterea asupra intelectului şi inimii. Experiența celui de-al doilea dar al harului nu mai este propovăduită şi mărturisită, deoarece noi astăzi credem că experiența creştină, chiar dacă trebuie să înceapă în Duhul, trebuie desăvârșită în înțelepciunea firii pământești (a cărnii) şi în cultura școlilor. Confuzia

şi neputinţa sunt rezultatele inevitabile când înţelepciunea şi resursele lumii iau locul prezenţei şi puterii Duhului.[3]

Care creştin din acest nou mileniu nu poate să nu fie de acord că avem nevoie disperată de o umplere proaspătă cu Duhul Sfânt? Nu aceasta este aspiraţia inimii prezentate în Scriptură, chiar cu mult înainte de a fi cartea Faptele apostolilor? Profetul Isaia se ruga lui Dumnezeu:

O! de ai despica cerurile şi Te-ai coborî,
s-ar topi munţii înaintea Ta,
ca de un foc care aprinde vreascurile,
ca de un foc care face apa să dea în clocot!
Ţi-ar cunoaşte atunci vrăjmaşii Numele
şi ar tremura neamurile înaintea Ta!
Când ai făcut minuni la care nu ne aşteptam,
Te-ai coborât, şi munţii s-au zguduit înaintea Ta,
cum niciodată nu s-a pomenit,
nici nu s-a auzit vorbindu-se
şi cum nici n-a văzut vreodată ochiul aşa ceva:
anume ca un alt dumnezeu în afară de Tine
să fi făcut asemenea lucruri pentru cei ce se încred în El.
(Isaia 64:1–4)

Cât a trecut de când Dumnezeu nu a mai făcut „minuni la care nu ne aşteptam" în multe dintre bisericile noastre? Poate pentru că noi nu am făcut ceea ce sugerează ultimul rând, nu ne-am încrezut în Dumnezeu aşa cum au făcut cei din camera de sus. Viaţa creştină, ca şi viaţa lui Isus pe pământ, este o combinaţie între aşteptare şi activitate, între rugăciune şi program. Isus a petrecut timp singur cu Tatăl în locuri pustii şi apoi a înaintat prin putere să înfrunte zilele incredibil de pline ale lucrării Lui printre oamenii în nevoie. La fel şi noi trebuie să găsim un echilibru între toate activităţile noastre *pentru* El şi timpul petrecut *cu* El, într-o atitudine expectativă de rugăciune şi laudă. Trebuie să ne ferim de ideea că a avea un program creştin plin de intenţii bune şi a face lucruri pentru Dumnezeu ar valora prea mult fără umpleri proaspete din puterea Duhului.

Recunosc că trebuie să ne ferim şi de contrariul ei: o pseudoviaţă spirituală în care petrecem timp singuri cu Dumnezeu fără să interacţionăm vreodată cu oamenii şi să ne străduim din toate puterile noastre să le ducem Evanghelia. Ţineţi cont de echilibrul sănătos al Bibliei dintre efortul uman şi dependenţa de puterea Duhului: „Iată la ce *lucrez eu* şi mă lupt după lucrarea *puterii Lui*, care lucrează cu tărie *în mine*" (Coloseni 1:29). Să dea Dumnezeu ca mult mai mulţi dintre noi, lucrătorii, să putem spune cu sinceritate că acest verset reflectă propriile noastre vieţi.

Strigătul inimii

Ce ne opreşte pe noi astăzi să tragem linia şi să ne îndreptăm inimile spre Dumnezeu în rugăciune arzătoare ca El să vină şi să-şi reîmprospăteze lucrarea atât în noi, cât şi în bisericile noastre? Vieţile noastre se vor sfârşi curând şi este mai bine să trăim ani puţini, dar plini de Duhul Sfânt, văzând cum Dumnezeu lucrează în noi şi prin noi, decât să lucrăm zeci de ani experimentând puţin sau chiar deloc lucrurile măreţe pe care Dumnezeu le-a promis poporului Său prin persoana şi lucrarea Duhului.

Într-o lume atât de frământată şi confuză ca a noastră, avem nevoie disperată de vântul şi focul lui Dumnezeu care să ne energizeze. Cu păcatul care face atâta zarvă şi puterile demonice care controlează din ce în ce mai mult cultura noastră, avem nevoie de o înveşmântare cu putere divină similară celei pe care Dumnezeu a dat-o Bisericii primare. Ce-ar fi să ne oprim din a raţiona şi găsi o justificare neputinţei spirituale prezente pretutindeni în jurul nostru? De ce să nu ne smerim mai degrabă şi să Îi cerem lui Dumnezeu din toată inima să ne dea „ceva din cer"?

....

Dragă Tată, Te rugăm mişcă inimile noastre ca ele să aspire spre tot ce Tu ne-ai promis. Iartă pornirile noastre fireşti, indiferenţa faţă de realităţile spirituale din jurul nostru şi dependenţa noastră de resursele umane, şi nu de puterea Ta. Învaţă-ne să ne rugăm şi să ne încredem în Tine cu umilinţă şi credinţă; trimite peste noi vântul şi focul Duhului Tău. Preschimbă-ne în bărbaţi şi femei care să fie mărturii vii în cuvânt şi fapte, ale existenţei lui Isus Cristos, Mântuitorul nostru. În Numele Lui preţios Te rugăm toate acestea. Amin.

Capitolul 4

Predicarea alimentată de Duhul Sfânt

Una dintre cele mai mari probleme cu care mă confrunt ca pastor într-o biserică de oraş este înţelegerea greşită a unui cuvânt foarte obişnuit. Cuvântul este *tată*. Acest termen, desigur, are implicaţii teologice majore pentru credincioşii în Cristosul care ne-a învăţat să ne rugăm: „Tatăl nostru care eşti în ceruri..." Noul Testament Îl prezintă în sute de locuri pe Dumnezeu ca „Tată" în relaţie cu noi.

Mulţi dintre cei care vin la Cristos în biserica noastră au nevoie de o regenerare a minţii lor pentru a înţelege corect noţiunea de „Tată" din Scriptură. Modul în care au fost crescuţi i-a blocat, din nefericire într-un concept distorsionat. În multe cazuri, tatăl lor biologic era dependent de droguri, alcoolic, cineva care a abuzat de mama lor sub propriii lor ochi – sau poate cineva pe care nu l-au cunoscut niciodată. Puteţi observa imediat cum aceşti proaspăt convertiţi întâmpinau dificultăţi reale cu privire la cuvântul *tată*.

Bineînţeles că Dumnezeu nu este nicidecum asemenea tatălui lor pământesc, prin urmare, Duhul Sfânt trebuie să le descopere că Dumnezeu este iubitor şi îndurător, într-un mod care întrece orice au cunoscut ei vreodată.

Sunt însă convins că şi alte cuvinte importante din viaţa noastră de credinţă suferă o distorsiune similară datorită experienței personale pe care am avut-o cu biserica de-a lungul anilor. În funcție de confesiunea sau tradiția bisericii, avem tendința să absorbim definiții şi imagini mentale ale cuvintelor precum *închinare, rugăciune, evanghelizare* sau *predică* din mediul religios în care suntem, şi nu din Cuvântul lui Dumnezeu. S-ar putea ca Dumnezeu să aibă o cu totul altă idee, mult mai măreață, dar noi suntem limitați de obişnuința noastră. În loc să cercetăm Scripturile într-o atitudine de rugăciune şi să Îi cerem Duhului să ne ajute, noi presupunem doar că biserica ne-a oferit definiția corectă a acestor cuvinte. Eu nu sunt sigur că suntem la fel de precişi şi de biblici pe cât am vrea să credem.

Nu avem toți nevoie de o zdrobire şi de o smerire reînnoite înaintea lui Dumnezeu ca să putem primi descoperirea lucrurilor aşa cum le-a gândit El? Trebuie să ne amintim că Împărăția *Lui* trebuie aşezată şi lucrarea *Lui* trebuie făcută pe pământ. Deci, întrebarea este: La ce anume s-a gândit El când ne-a lăsat scopul şi planul Său în Scripturile inspirate? De exemplu, însuşi conceptul de biserică I-a aparținut Lui la început, şi nu nouă. El ne-a lăsat cartea Faptele apostolilor şi epistolele pentru a ne arăta cum Biserica a început în putere şi dând roade şi cum ea poate continua în acelaşi mod. Cu cât ne deschidem mai mult mințile şi inimile să învățăm, cu atât mai mult ne va învăța El despre planul Său cu privire la viețile noastre şi ale bisericilor noastre locale.

Ce se întâmplă?

În ziua Cincizecimii mulțimea s-a adunat consternată. Ea a fost atrasă de ceea ce făcea Duhul Sfânt în Biserică. Principiul aici este că ascultătorii sunt cel mai bine adunați de către lucrarea inexplicabilă a Duhului Sfânt. Aşa cum redă Luca în Fapte 2:12, ei erau „uimiți şi nu ştiau ce să creadă."

Când Duhul lui Dumnezeu Se manifestă cu putere în oamenii Lui, aceasta îi face pe ceilalți să se întrebe: „Cum e posibil aşa ceva?" Biserica creştină şi întâlnirile ei înseamnă mult mai mult decât suma părţilor lor. Ele reprezintă mai mult decât diversele talente ale participanţilor. Prietenul meu, renumitul autor Warren Wiersbe, spune: „Dacă poţi să explici pe deplin o biserică, atunci ceva nu e în regulă." Cu alte cuvinte, dacă o biserică nu e decât metodologie, tehnică de organizare şi reclamă inteligentă, atunci ea e departe de schiţa pe care o avea Dumnezeu pentru ea. Ar trebui întotdeauna să existe elementul de ajutor supranatural, care e de neexplicat pentru mintea omenească.

Biserica din Faptele apostolilor „sfida logica." Petru şi ceilalţi n-ar fi trebuit să fie în stare să realizeze ceea ce au realizat. Aşa cum au observat preoţii şi saducheii, aceştia „erau oameni necărturari şi de rând" (Fapte 4:13). Şi cu toate acestea ei au fost eficienţi pentru că Dumnezeu Duhul Sfânt lucra prin ei.

Dacă o biserică nu e decât metodologie, tehnică de organizare și reclamă inteligentă, atunci ea e departe de schița pe care o avea Dumnezeu pentru ea. Ar trebui întotdeauna să existe elementul de ajutor supranatural. ✷

Pavel ne dă explicaţia în 1 Corinteni 3:16: „Nu ştiţi că voi sunteţi Templul lui Dumnezeu şi că Duhul lui Dumnezeu locuieşte în voi?" Acest pronume „voi", de la sfârşitul întrebării, se referă la copiii lui Dumnezeu. Cuvântul pentru „Templu" este acelaşi cuvânt folosit pentru Sfânta-sfintelor din Cortul Întâlnirii, unde marele-preot nu intra decât o dată pe an, de Sărbătoarea Ispăşirii. Era un loc copleşitor în care gloria lui Dumnezeu se arăta într-un mod vizibil. Pavel îndrăzneşte să spună că în Biserică noi suntem templul lui Dumnezeu.

Marea preocupare a cerului acum nu este dacă se va mai reconstrui sau nu un nou templu în Ierusalim. Pe Dumnezeu Îl interesează mai mult dacă Biserica este aşa cum ar fi trebuit să fie: Sfânta-sfintelor pentru Duhul Său. El vrea ca Biserica să fie un loc care inspiră un sentiment de respect amestecat cu teamă şi uimire – două calităţi pe care le-am pierdut în mare măsură din întâlnirile noastre.

Predica lui Petru a adus o convingere adâncă de păcat. Publicul era divers din orice punct de vedere şi totuşi o predică plină de har a adus mii de oameni la mântuire. Duhul Sfânt nu a avut nevoie de un serviciu special pentru generaţia X sau o îndulcire a mesajului pentru tradiţionaliştii mai vechi. Din contră, Petru, plin de curaj, declară: „Voi L-aţi răstignit [pe Mesia] şi L-aţi omorât prin mâna celor fărădelege" (Fapte 2:23). Se vede că el era ignorant în ce priveşte tehnicile de a fi pe placul mulţimii care sunt acum atât de strict respectate în aşa de multe biserici. Nu, Dumnezeu aduce convingere de păcat atunci când Cuvântul Său este predicat cu putere şi dragoste din Duhul.

În mod asemănător, Pavel recomanda insistent ca darurile spirituale să fie folosite în aşa fel, încât atunci când intră în biserică un necredincios „el este încredinţat de toţi, este judecat de toţi. Tainele inimii lui sunt descoperite, aşa că va cădea cu faţa la pământ, se va închina lui Dumnezeu şi va mărturisi că, în adevăr, Dumnezeu este în mijlocul vostru" (1 Corinteni 14:24–25). Nu numai că acest tip de reacţie lipseşte astăzi – dar nu este nici măcar dorită. Am pierdut credinţa în capacitatea lui Dumnezeu de a face prin Duhul ceea ce a promis.

Inima mi se întristează când pun în contrast aceste modele ale puterii Duhului Sfânt din Noul Testament cu abordările populare din ziua de astăzi de „gâdilare a urechii". Necredincioşii pot participa cu regularitate la întâlnirile bisericii şi totuşi să plece fără niciun fel de conştientizare a păcatului, pentru că nici Duhul şi nici Cuvântul nu au întâietate. Mulţi au sentimentul că mesajul trebuie să fie diluat ca să nu-i sperie pe vizitatori; ei nu cred ce relatează Biblia, că adevărul spus simplu, care poartă pecetea Duhului, va aduce bărbaţi şi femei la Cristos. Ei sunt prea ocupaţi să „intre în pielea persoanei", în loc să se concentreze asupra puterii divine. Se luptă să coboare la nivelul „unde sunt oamenii" şi să le spună ceea ce vor ei să audă. Dacă vor divertisment, biserica li-l va oferi. Pastorii nu vor călca nici într-un caz pe nimeni pe bătătură sau să-i facă să se simtă stânjeniți.

Vă rog să îmi arătați un loc în care a fost folosită această abordare în Faptele apostolilor, care reprezintă perioada de aur a Bisericii. O astfel de mentalitate este tragică; şi mai tragic e că tinerii lucrători merg la conferințe unde învață cum să implementeze o filosofie a lucrării străină Noului Testament.

Un prieten de-al meu din departamentul muzicii creştine mi-a spus că primise recent un telefon de la o dirijoare foarte mâhnită, din vestul țării, care tocmai fusese certată cum se cuvine de nou-sositul pastor din biserica ei. Ce ofensă a putut să comită această femeie? Nimic altceva decât că a cântat împreună cu corul o selecțiune de piese a corului Brooklyn Tabernacle Singers [cântări de la Brooklyn Tabernacle, n.ed.], intitulată *Communion Medley* [Cântări pentru Cina Domnului], care începe cu *Oh, the Blood of Jesus* [Sângele lui Isus], continuă cu *Wash Me in the Fountain* [Spală-mă în izvor] şi se încheie cu vechiul imn *Nothing but the Blood of Jesus* [Numai sângele lui Isus].

„Să nu mai cânți *niciodată* despre sângele lui Isus în această biserică!", i-a spus pastorul femeii, ridicând vocea. „Dacă se repetă, îți vei pierde slujba. Am depăşit stadiul în care se foloseau simboluri religioase crude dintr-o altă eră."

Ce întristare teribilă adusă Duhului lui Dumnezeu!

Mai multă putere, mai puțin spectacol

Legătura dintre predicare şi lucrarea Duhului Sfânt este explicată de Pavel atunci când îşi descrie lucrarea din Corint: „Învățătura şi propovăduirea mea nu stăteau în vorbirile înduplecătoare ale înțelepciunii, ci într-o dovadă dată de Duhul şi de putere, pentru ca credința voastră să fie întemeiată nu pe înțelepciunea oamenilor, ci pe puterea lui Dumnezeu"

(1 Corinteni 2:4–5). Gândiți-vă la aceste cuvinte în contextul actual când atât de mulți vorbitori și biserici *vor* să producă „vorbiri înduplecătoare ale înțelepciunii", inteligență și carismă umană, o biserică frumoasă, un program nemaipomenit destinat familiei – orice, numai nu o „dovadă dată de Duhul și de putere", pe care apostolul Pavel a înălțat-o spre slava lui Dumnezeu.

Eu personal sunt cercetat ori de câte ori meditez asupra acestui pasaj, pentru că e foarte posibil ca ceea ce noi numim „predicare" să nu fie deloc ceea ce Dumnezeu avea în minte. Atât de mult din acest proces e spectacol; atât de mult e lașitate, refuzul de a pune oamenii în fața sfințeniei lui Dumnezeu și a nelegiuirii păcatului astfel încât harul să fie apreciat; atât de mult e un fel de punere în scenă religioasă, lipsită de sinceritate, de pasiune adevărată pentru Dumnezeu sau de prezența Duhului. Prea mulți sunt obsedați de a-i face pe toți să se simtă confortabil, când de fapt predicile apostolilor erau adesea exact opusul.

E.M. Bounds, un lucrător metodist de acum o sută de ani a pus diagnosticul corect când a scris:

> Puterea dispensațiunii lui Cristos este un amvon incandescent – nu un amvon învățat, nu un amvon popular, nu un amvon elocvent, ci un amvon plin de focul Sfântului Duh...
>
> Această putere nu este o repetare sau reiterare a unui adevăr bine învățat sau bine spus, ea este forța care dă capacitatea de a declara adevărul revelat cu o autoritate supraomenească. Predicatorul trebuie să posede puterea dată de legătura directă cu Dumnezeu....
>
> Dumnezeu nu amestecă această putere cu alte soluții pentru a o face eficace. Nu este o parte sau două părți din Duhul Sfânt combinate cu o parte sau mai multe părți din alte ingrediente. Această putere vine numai și numai de la Duhul Sfânt. Este singurul lucru care trebuie căutat și păstrat, singurul lucru a cărui importanță o întrece pe cea a altor lucruri, singurul lucru care rămâne în picioare, de neegalat și suprem.[1]

Nu ştiu cum sunteţi voi, dar eu aş risca mai degrabă să fiu luat în bătaie de joc de unii oameni (ca în Fapte 2) decât să nu dau locul cuvenit Evangheliei şi Duhului Sfânt. Aş vrea mai bine să fiu catalogat drept fanatic alături de apostoli decât să îmi clădesc reputaţia pe deşteptăciune. Cel puţin ei au reuşit să producă convertiţi care *„stăruiau* în învăţătura apostolilor, în legătura frăţească, în frângerea pâinii şi în rugăciuni" (v. 42), care e mai mult decât cu ce se pot lăuda o mulţime de biserici moderne. Noi am instituţionalizat căderea din nou în păcat până la punctul în care cartea Faptele apostolilor ne şochează. Unii vin chiar cu scuze teologice spunând: „Toată «acea putere» a fost valabilă numai pentru atunci, înainte ca ei să aibă complete toate cele 66 de cărţi ale Bibliei." Ce eschivare patetică! O respingere a aceleaşi Biblii cu care ei se laudă!

Aş vrea mai bine să fiu catalogat drept fanatic alături de apostoli decât să îmi clădesc reputaţia pe deşteptăciune. ✳

Cauza tuturor acestor lucruri este absenţa Duhului Sfânt din întâlnirile bisericii. Noi nu îi mai urăm bun venit şi nu ne mai bazăm pe lucrarea Lui printre noi. Acum la loc de cinste se află presupusa sensibilitate a auditoriului. E ca şi cum am vinde pâine, ţigări sau computere – clientul este stăpânul. Dacă nu îi captivăm sau nu îi amuzăm continuu pe oameni ei se vor duce la biserica vecină, acolo unde este un stand mai frumos. Ce jalnic concept al lucrării creştine! La rădăcina acestei nebunii stă necunoaşterea Duhului celui viu al lui Dumnezeu şi lipsa experienţelor cu El.

Nici nu e de mirare că suntem luaţi în derâdere chiar de lumea laică. O bandă de desene animate numită „Doonesbury" îl înfăţişează pe elegantul Rev. Scott în biroul său explicându-i unui tânăr: „E o congregaţie interesantă, Mike. Membrii sunt mult mai conştienţi de rolul lor de consumatori decât înainte. Biserica trebuie să livreze produse pentru membrii ei! Consiliere, evenimente sociale, programe de reabilitare, instruire, întreţinerea sănătăţii – trebuie să le avem pe toate!"

Mike: „Unde e Dumnezeu în toate acestea?"

Rev. Scott: „Dumnezeu? Păi, Dumnezeu mai e încă punctul de atracţie. Are nume cu rezonanţă."

Mike: „Dar Îl mai evocaţi vreodată?"

Rev. Scott: „Hmmm... sincer, Mike, Dumnezeu vine cu un întreg bagaj nefolositor: omul integru, vinovăţia cu privire la rasism..."

Cât de tragic! Un grup de oameni care se numesc creştini, dar care se jenează să Îl scoată pe Cristos în evidenţă de teamă că El s-ar putea să spună ceva despre păcat, pocăinţă sau nevoia de a fi schimbat.

Prin contrast, priviţi predica lui Petru – prima predicată vreodată în istoria Bisericii sub ungerea Duhului Sfânt. Evident că acesta este un nou Petru – nu mai era un laş sau un ratat. El spune plin de curaj mulţimii că ceea ce văd şi aud acum este o împlinire mult aşteptată a profeţiei lui Ioel. Iată aici bărbaţi şi femei, continuă el, care au devenit temple umane ale prezenţei lui Dumnezeu. Ei au fost umpluţi cu Duhul Sfânt în acelaşi mod în care odată Templul lui Solomon a fost umplut de fum.

Faptul este unic în religiile lumii. Budismul, islamul şi celelalte religii aduc cinste şi respect unui dumnezeu sau unor dumnezei. Însă dumnezeii rămân „acolo, undeva" la o distanţă sigură; ei nu vin şi nu îi umplu pe adoratorii lor mântuiţi într-un mod intim şi dinamic. Aceasta este nota unică a creştinismului.

Fără rime, fără zâmbete false

Cum arată un predicator plin de Duh? Mulţi dintre noi au auzit oratorie şi mesaje inteligente de la amvon. Am văzut spectacole date de la amvon şi am ascultat fraze elocvent întocmite. În contrast îl avem pe Petru, un pescar fără pregătire în omiletică, care transmite un mesaj simplu, dar plin de putere.

Mesajul e total nepregătit. Petru nu are notițe, în mod evident. (Pe tot parcursul Faptelor apostolilor, vorbitorul ştie, rareori, în avans despre ce va trebui să vorbească; ocazia se iveşte şi el îşi deschide gura cu aşteptarea că Dumnezeu i-o va umple.) Cu toate acestea, Petru începe să vestească Evanghelia, în limba obişnuită a oamenilor.

El nu are schiță care rimează, nu are aliterații, nu are poeme meditative. Iese în față cu curaj. Nu îi este frică să îşi înfrunte ascultătorii. Şi totuşi este iubitor şi plin de compasiune. El țintește direct spre nevoia fiecărei persoane de a decide cum să se raporteze la Isus Cristos.

Mesajul lui nu e centrat pe Lege, ci pe Cristos. El nu-i sileşte pe oameni să se alăture bisericii. El nu le cere celor ce-l ascultă să promită că vor deveni mai buni. Ci el îi îndreaptă spre Mântuitorul, îndemnându-i să se pocăiască, să-şi pună încrederea în Cristos, să fie botezați – „apoi veți primi darul Duhului Sfânt" (v. 38), acelaşi lucru pe care îl primiseră deja cei 120 în camera de sus.

Niciun fel de perioadă de aşteptare pentru a se dovedi suficient de vrednici sau sfinți – au crezut şi au primit ... şi apoi au continuat să creadă şi să primească de la Dumnezeu pentru tot restul vieții lor.

La sfârşit îi vedem inima lui Petru: „Şi cu multe alte cuvinte, mărturisea, îi îndemna şi zicea..." (v. 40). El nu juca teatru. Inima lui fusese umplută cu iubirea lui Dumnezeu, prin Duhul Sfânt, aşa că acum îi privea pe aceşti oameni şi le simțea nevoile într-o lumină nouă, divină. Niciun fel de zâmbet formal sau strângeri de mână false din partea lui Petru. Primii predicatori nu erau „profesionişti" sau „maşini de fabricat predici" superficiale, ci, mai degrabă, slujitori ai oamenilor lui Dumnezeu.

La cealaltă extremă, fiecare dintre noi am văzut predicatori care imită emoția și își pun o notă îndurerată în vocea lor. Aceasta este doar o altă formă a teatralului. Predicatorii ar trebui să-L prezinte pe Isus cu umilință și apoi să se retragă din raza vizuală pentru ca oamenii să poată ajunge la Cristos, la tronul de har. Însă, adesea îi vedem pe *predicatori* ca fiind pionii principali ai acțiunii, atrăgând atenția asupra lor, lăudăroși, mândri și folosind adesea trucuri profanatoare pentru a jefui turma de bani. Și această atitudine este la ani lumină depărtare de predicarea pe care Dumnezeu a gândit-o.

Predicatorii ar trebui să-L prezinte pe Isus cu umilință și apoi să se retragă din raza vizuală pentru ca oamenii să poată ajunge la Cristos, la tronul de har.

Și încă un lucru: nu e uimitor că nicio voce din cercurile carismatice și din mass-media religioasă nu se ridică împotriva șarlatanilor care folosesc numele lui Cristos pentru a stoarce bani de la oameni? Ați citit vreodată scrisori sau ați vizionat vreodată vreun program TV de strângere de fonduri care sunt aproape, dacă nu chiar o adevărată minciună sau blasfemie? Am primit o scrisoare obișnuită de la un bine-cunoscut evanghelist care spunea că Dumnezeu îi „arătase" că „o nouă ungere" era acum la dispoziția oamenilor Săi și că mi-o puteam însuși trimițând 33,33 de dolari pentru a putea primi rugăciunile evanghelistului și un breloc religios. Pe lângă aceasta, dacă donam suma de 99,99 de dolari puteam primi o „ungere triplă"! (Cred că era un fel de reducere specială de sfârșit de lună sau cam așa ceva.)

Acesta nu era o persoană obscură, ci un învățător care apărea regulat pe canalele de televiziune creștină. Am rămas șocat de insolența, înșelătoria și lăcomia întregii campanii. Astfel de oameni ar fi fost omorâți cu pietre în zilele Vechiului

Testament. Însă în ziua de azi apele sunt atât de tulburi, încât abia dacă mai ridicăm din sprâncene.

Am citit scrisoarea şi în biserică şi i-am atenţionat că orice ofertă de binecuvântare, vindecare sau ungere dumnezeiască pe bani este o înşelătorie din cale afară de ruşinoasă. „Fără plată aţi primit, fără plată să daţi", a spus Isus (Matei 10:8). Am aflat de la un prieten că e o practică obişnuită printre lucrătorii de acest soi ca nici măcar să nu scrie ei cuvintele care apar deasupra semnăturilor lor. Ele sunt compuse de profesionişti care născocesc în fiecare lună câte un nou şiretlic pentru a-i uşura în special pe cei săraci şi needucaţi de banii lor câştigaţi cu sudoare. Aceşti pungaşi ar trebui mustraţi, făcuţi de ruşine şi respinşi de către toţi creştinii care gândesc, conform instrucţiunilor scripturale. Ei sunt escroci şi vor descoperi la sfârşit că mulţimea ţinută în afara porţilor cerului pentru toată veşnicia e compusă nu numai din ucigaşi şi idolatri, ci şi din „oricine iubeşte minciuna şi trăieşte în minciună" (Apocalipsa 22:15).

Petru nu a regizat nicidecum un astfel de spectacol ruşinos. El era în totalitate sincer în invitaţia lui. Momentul nu era atât psihologic, cât era spiritual.

El a fost de asemenea îndrăzneţ şi în concluzia mesajului. Nu s-a sfiit să îi cheme pe oameni la pocăinţă şi la o viaţă nouă prin Duhul. „Făgăduinţa aceasta este pentru voi, pentru copiii voştri şi pentru toţi cei ce sunt departe acum, în oricât de mare număr îi va chema Domnul Dumnezeul nostru", a afirmat el (Fapte 2:39). Niciun fel de „poate că", „probabil că" sau „sper că". El era plin de îndrăzneală şi încredere în transmiterea adevărului lui Dumnezeu.

Efectul

Ce efect a avut asupra mulţimii? „Ei au rămas străpunşi în inimă" (v. 37). Au fost smeriţi şi zdrobiţi. Nimeni nu a venit înaintea lui Petru făcând pe grozavul şi zicând: „Mă voi întoarce dacă data viitoare îmi vei oferi asta sau cealaltă."

Predicarea plină de Duh şi de har ne aduce întotdeauna la o smerire înaintea lui Dumnezeu pentru ca El să ne poată „înălţa" aşa cum a promis (Iacov 4:10). Neprihănirea proprie dispare. Prefăcătoria este demolată. Este fie reacţia asta, fie opusul ei, cea de respingere categorică.

Catherine Booth, „Mama Armatei Salvării", a spus odată într-unul dintre mesajele ei ţinute la City Temple din Londra: „Lucrul cel mai de dorit astăzi este adevărul care taie – adevărul convingător – adevărul care îl încredinţează pe păcătos de păcat, îl găseşte vinovat şi îi smulge legăturile de pe ochi."

Exact aceasta s-a întâmplat în Fapte – oamenii fie au intrat în Împărăţie, fie au rămas afară. Au fost fie zdrobiţi înaintea Domnului, fie au întors spatele şi au calomniat mesajul. Predicarea înzestrată de Duhul Sfânt taie până la rădăcina problemei şi aduce rezolvare chestiunilor spirituale. Petru nu a intrat cu bocancii în sufletele oamenilor, însă a predicat adevărul aşa cum este el în Isus.

Da, toate predicile adevărate trebuie să aibă un conţinut solid, biblic – însă aceasta nu este totul. Mesajul trebuie să vină printr-un mesager umplut cu Duhul Sfânt. Altfel oamenii se vor aşeza pe băncile bisericii an după an fără să vină vreodată în contact cu „sabia Duhului, care este Cuvântul lui Dumnezeu" (Efeseni 6:17). Vă rog să remarcaţi că Cuvântul lui Dumnezeu nu este „sabia predicatorului"; el este folosit cu eficienţă numai în mâinile Duhului Sfânt, care trebuie să îl aplice inimilor umane. La aceasta s-a referit marele scriitor scoţian Andrew Bonar în 1877 când s-a adresat predicatorilor din generaţia lui: „Să ne aşezăm din nou sub învăţătura Duhului Sfânt, ca să fim învăţaţi Cuvântul şi cum să predicăm Cuvântul, şi nu gândurile noastre cu privire la el. O singură scânteie din fulger valorează cât o mie de lumânări pâlpâinde; tot astfel o singură propoziţie dată de Duhul Sfânt valorează cât pagini întregi de altă natură."[2]

Cu toții am luat parte la întâlniri în care mesajul era corect din punct de vedere al doctrinei şi cu toate acestea eram tentați să ațipim. Unii dintre noi am mai văzut şi predicatori care se comportau ca nebunii încercând să imite aşa-zisele efecte ale Duhului Sfânt şi am rămas ruşinați. Nici nu e de mirare că atâtea biserici sunt astăzi pe jumătate goale. Nu există putere, nu există prezența Duhului, nu există uimire reverențioasă. Nicio inimă nu este străpunsă – operația divină care îndepărtează cancerul şi aduce vindecare sufletului.

E.M. Bounds explică:

> Un amvon care a primit ungerea este cea mai puternică agenție pe care o are Dumnezeu în această lume. El este reprezentantul lui Dumnezeu, reprezentantul sfințeniei Sale, a puterii Sale, a dreptății Sale şi a îndurării Sale. O lucrare care a primit ungerea este o lucrare consacrată şi calificată prin puterea Duhului Sfânt pentru Marea Trimitere. Chemarea divină este cea care conferă dreptul, privilegiul înalt de a predica; ungerea este cea care califică. Ca urmare a lucrării personale a lui Cristos pe pământ ucenicii au primit chemarea de a predica. Puterea care îi califica nu a fost primită până în ziua Cincizecimii.[3]

Care a fost rezultatul predicii lui Petru? Nu mai puțin de 3000 de convertiri. Oamenii erau transformați radical de puterea Evangheliei vestite cu ajutorul supranatural al Duhului Sfânt. Aceasta a avut loc, bineînțeles, după o întâlnire minunată de rugăciune în timpul căreia ucenicii s-au ancorat în promisiunea plină de frumusețe a Tatălui. Modelul acesta a rămas în picioare de două mii de ani. Creştinii se întâlnesc ca să-L caute pe Domnul şi apoi, într-un fel sau altul, Evanghelia plină de putere începe să se răspândească, schimbând vieți pe oriunde trece.

De aceea trebuie să ne grăbim să ne întoarcem la modelul lui Dumnezeu de trezire, binecuvântare şi evanghelizare eficientă. Trebuie să ne reîntoarcem la rugăciune, nu numai la cea personală şi individuală, ci şi la cea colectivă şi publică. Dumnezeu ne-a promis tuturor Duhul Sfânt din abundenţă – fluvii, revărsări şi oceane – în locul încercării de a trăi din picăturile insuficiente luate când şi când din fântâna Lui.

Ce anume îi schimbă pe oameni

Ecuaţia pe care ne-a lăsat-o Dumnezeu este foarte simplă când ne apropiem de ea prin credinţă şi o trăim:

1. Puterea Duhului Sfânt este nevoia noastră cea mai mare.
2. Această putere şi binecuvântare este promisă tuturor copiilor lui Dumnezeu.
3. Această promisiune poate fi pe deplin primită numai prin rugăciune sinceră şi aşteptare înaintea lui Dumnezeu.

Aşa ceva s-a întâmplat în Noul Testament şi e singurul lucru care va satisface sufletele noastre însetate. De nenumărate ori de-a lungul secolelor oamenii s-au întors la aceste „realităţi ale vieţii" spirituale în timp ce rugăciunea pentru trezire spirituală a credincioşilor flămânzi de pe pământ se înălţa la cer. Citiţi istoria Bisericii creştine şi veţi vedea că cele mai semnificative evanghelizări şi extinderi ale Împărăţiei lui Dumnezeu au avut loc în perioade de trezire spirituală – „timpuri de înviorare… venite din prezenţa Domnului" (Fapte 3:19, NKJV).

Afirmaţia Vechiului Testament este şi astăzi sută la sută veridică: „Lucrul acesta nu se va face nici prin putere, nici prin tărie, ci prin Duhul Meu, zice Domnul oştirilor!" (Zaharia 4:6). Un deceniu de invenţii şi inovaţii nu vor realiza niciodată ceea Duhul Sfânt poate face într-o lună când lucrează în viaţa unei biserici.

Un deceniu de invenţii şi inovaţii nu vor realiza niciodată ceea Duhul Sfânt poate face într-o lună. ✳

Un pastor din Louisiana a citit cartea *Vânt proaspăt, foc proaspăt* şi a simţit atât de acut lipsa puterii Duhului în biserica sa, încât s-a hotărât să înceapă întâlniri săptămânale de rugăciune. Din nefericire, în câteva săptămâni biserica s-a dezbinat din cauza acestui lucru! „Nu ştii că noi suntem _____ [o anumită denominaţie] şi că noi nu avem întâlniri de rugăciune?!" spuneau opozanţii lui. Ce mai contează ce spune Biblia sau ce anume a adus mereu înviorări spirituale poporului lui Dumnezeu – aceşti oameni nu erau dispuşi să iasă din tiparele confortabile ale tradiţiei religiei lor.

Sunt sigur că acele persoane erau convinse că biserica lor este una creştină şi că, de fapt, denominaţia (cultul) lor este oarecum superior tuturor celorlalte. Totuşi, vă puteţi imagina o biserică care se dezbină ca urmare a hotărârii de a avea o întâlnire de rugăciune? Nu era vorba despre vânzarea de droguri în incinta bisericii sau despre o predică ce Îl nega pe Cristos. Ci despre simpla dorinţă a pastorului de a se întâlni regulat pentru rugăciune – şi unii au părăsit biserica! Ei sunt mustraţi aspru de însăşi Biblia pe care o poartă şi la sfârşit se va spune despre ei: „Vă certaţi şi vă luptaţi; şi nu aveţi pentru că nu cereţi" (Iacov 4:2).

Nu metodele omeneşti pline de isteţime i-au adus pe convertiţi în biserică în acea zi când Petru a ţinut prima predică a erei creştine, ci Dumnezeu printr-un om care nu era nici pe departe orator. Experţii în ale predicării ar arunca o privire asupra acestei predici şi ar spune: „Poftim? Nu are nimic. Nouă ne-ar fi ruşine să predicăm aşa ceva."

Cu toate acestea, gândiţi-vă la bucuria pe care au provocat-o cei 3000 de nou-credincioşi. Câte case s-au bucurat în acea seară! Câte fiice şi câţi fii au descoperit că au taţi noi care au început să-i iubească şi să se îngrijească de ei, în loc să-i ignore! Câte căsătorii au fost remediate în acea zi!

Toate acestea s-au întâmplat ca urmare a lucrării Duhului Sfânt.

Isus spusese cândva: „Cine crede în Mine, din inima lui vor curge râuri de apă vie, cum zice Scriptura. Spunea cuvintele acestea despre Duhul, pe care aveau să-L primească cei ce vor crede în El" (Ioan 7:38–39). Această revărsare este cea care aduce binecuvântare peste alți oameni şi chiar peste întreaga lume. Niciun caz nu este prea dificil pentru Dumnezeu. Evanghelia lui Cristos îmbinată cu puterea Duhului pot transforma şi cele mai împietrite inimi.

Luați, de exemplu, cazul lui Willie McLean. Având 1,92 m înălțime, el este responsabilul principal cu securitatea bisericii şi mă însoțeşte în fiecare duminică la intrarea şi ieşirea de la cele patru servicii aglomerate. Ce ironie ca el să Îl slujească pe Dumnezeu în acest domeniu când cazierul lui de la Poliția din New York era, cum se spune, lung cât o zi de post. Dacă l-ați fi citit, ați fi spus că Willie era iremediabil pierdut, absolut incorigibil – bun de încuiat şi aruncat cheia. Cu toate acestea, el este astăzi un bărbat consacrat în slujba lui Dumnezeu, chiar dacă poartă încă în trupul lui două gloanțe pe care chirurgii nu le-au mai scos – unul în spate şi unul în falcă.

Nu voi aloca timp şi spațiu să vă spun întreaga lui poveste, el a trăit deja cel puțin trei sau patru vieți. E suficient să vă redau doar câteva secvențe:

Willie a pornit de pe picior greşit încă de la începutul liceului când a lăsat-o pe prietena lui – fiica de 12 ani a unui polițist din New York – însărcinată. „Nu ştiam că ea avea numai 12 ani", spune el cu un zâmbet timid. Când Elise a adus pe lume copilul, părinții ei au încercat să muşamalizeze totul … până când, în următorul an s-a întâmplat acelaşi lucru!

De data aceasta tatăl înfuriat l-a arestat pe Willie pentru relații sexuale cu un minor. Însă în fața instanței, fata de 13 ani – de abia ieşită pentru a doua oară de la maternitate – a pledat plângând în favoarea lui Willie. Sentința a fost suspendată …

....

Prin clasa a unsprezecea Willie a renunțat la școală preferând să-și petreacă zilele în sălile de biliard din Harlem sau pe străzi împreună cu escrocii. Era fascinat de mașinile lor nou-nouțe, de bijuteriile sclipitoare și de femeile atractive, veșnic prezente.

— Ce marfă grozavă ai! i-a spus el într-o zi unuia dintre ei.

— Ei, fiule, a replicat bărbatul, dacă vrei să ai ce am eu, trebuie să faci ce fac eu.

Și așa a apărut prima ocazie a adolescentului de a lucra la o agenție ilegală de pariuri, făcând pariuri și colectând profituri. Tot în același timp a început să fure și mașini. „De fapt, aveam chei originale pentru toate tipurile de mașini: Ford, Dodge, Chevy", recunoaște el.

Într-o noapte, în timp ce se plimba cu mașina prin Central Park, Willie a fost acostat de o mașină a poliției. A călcat pe accelerație și după câteva curbe periculoase a intrat într-un copac. A lăsat mașina și a fugit pe jos. „Stai!" a strigat ofițerul și a aruncat cu bastonul după el.

Dar și de data aceasta, aducerea lui Willie în instanță nu a avut rezultatul așteptat. Dintre toate coincidențele posibile, s-a dovedit că mașina furată era a unui prieten de-a tatălui lui Willie, un francmason! Bărbatul a fost de acord să nu aducă nicio acuzație...

....

La 17 ani Willie a început să facă cunoștință cu drogurile. Escrocii îl avertizaseră, bineînțeles: „Dacă vrei să fii bun în această afacere, nu folosi droguri. Și nici să nu bei. Trebuie să te ții de asta ca să faci bani. Oamenii nu vor avea încredere în cei care nu li se par serioși."

Însă Willie nu a ținut cont de sfaturile lor. LSD-ul (drog halucinogen, n.tr.), amfetaminele, cocaina și în special heroina au devenit ceva obișnuit. El a văzut, nu o dată, pe câte unul murind în timpul unei „shooting gallery" (reuniune la care toxicomanii se injectează, n.tr.) din cauza unei injecții cu droguri fatală numită „hot shot" – doză pe care comerciantul de droguri o dă pe gratis şi care e de fapt o pedeapsă pentru turnători. Praful alb seamănă cu heroina, însă în realitate nu e altceva decât otravă pentru şobolani sau acid dintr-o baterie.

„Se părea că nu mă puteam abține să nu ajung la închisoare", îşi aminteşte Willie. „Primeam mereu 90 de zile pentru una, 60 de zile pentru alta: pariuri ilegale ... încălcarea proprietății private ... comportament huliganic ... furt din magazine. Străzile păreau să mă ademenească mereu..."

....

Cele 21 de jafuri armate au dus în final la 10 ani de pedeapsă cu închisoarea. Când îl asculți pe Willie vorbind acum îți dai seama că pedepsele lui cu închisoarea au fost atât de numeroase, încât în mintea lui au început să semene una cu cealaltă. Rikers Island, închisoarea de aici din oraş, apoi Sing-Sing, apoi Greenhaven, după aceea mai în nord la Clinton-Dannemora, 64 de km până la granița cu Canada, apoi Comstock (numită pe atunci „Şcoala gladiatorilor") şi în final Walkhill.

O noapte petrecută la Clinton-Dannemora a rămas totuşi în mintea lui limpede ca cristalul. Un tip mare şi musculos care îşi ispăşea condamnarea pe viață, fără niciun drept de apel, începuse să se împrietenească cu Willie, lăsându-i bomboane, sucuri şi țigări pe patul lui. *Ce frumos din partea lui!* se gândea Willie. Dar într-o zi bărbatul l-a anunțat:

— Uite ce-i, am câteva datorii la joc pe care trebuie să le plătesc. Să-mi dai banii până mâine. Îmi datorezi 45 de dolari pentru toată marfa pe care ți-am procurat-o până acum.

— Păi, nu îi am acum, a răspuns Willie, care şi-a dat imediat seama cum stă situația, dar îi voi primi prin poştă cât de curând. Ți-i dau înapoi imediat ce ajung.

— Nu, tu nu m-ai auzit, a răspuns bărbatul cu o voce de oțel. Am spus *mâine.* Iar dacă nu-i ai, vei fi „al meu".

Gândul de a fi forțat să devină partenerul sexual al acestui individ îl îngrozea pe Willie. Nu a închis un ochi toată noaptea, măsurându-şi în lung şi în lat celula de 2 pe 3 metri cu teama în suflet. Întregul palier discuta înfierbântat despre ce urma să se întâmple.

A doua zi dimineața la cinci şi jumătate, când uşile s-au deschis cu zgomot, Willie a ales să atace. A apucat o găleată de pe coridor şi l-a lovit cu putere în cap pe celălalt, făcând să-i țâşnească sângele ca o arteziană. Gardienii au apărut în fugă, s-au năpustit asupra lui Willie şi l-au potolit folosind spray-ul paralizant şi bastoanele.

Inevitabil, Willie a fost adus din nou în fața instanței, de data aceasta acuzat de tentativă de omor. La pedeapsa lui s-au mai adăugat câțiva ani...

....

În 1976, când Willie a ieşit în sfârşit din puşcărie, Elise şi cei doi copii îl mai aşteptau încă. Cuplul s-a căsătorit în ciuda puternicei împotriviri din partea familiei ei.

Însă bărbatul de 27 de ani, plin de mânie, nu putea fi controlat. Odată, când un individ l-a amenințat cu cuțitul pe stradă, Willie a apucat cuțitul de lamă, tăindu-şi grav un deget. Elise a venit la spital să-l vadă şi s-a întâmplat să apară chiar în timpul vizitei unei iubite pe nume Renee!

Willie a refuzat să-şi lase soția să intre în salon, însă cele două femei s-au întâlnit la recepție. Elise a întrebat-o dacă îi poate face o vizită acasă. Auzise că ar exista un copil şi voia să descopere dacă e al lui Willie. Odată ajunsă acolo, Elise a fost şocată să vadă o fată uimitor de asemănătoare cu cea a soțului ei.

Chirurgii au folosit un tendon din brațul lui Willie pentru a-i repara degetul rănit. Însă nu mult după aceea, în timp ce juca zaruri, celălalt jucător a spus:

— Zarurile nu au aterizat cum trebuie la ultima aruncare. Nu-ți dau banii! Willie l-a pocnit şi degetul i s-a dat peste cap. Şi a rămas îndoit până în ziua de azi.

Însuşi tatăl lui Willie a sfătuit-o pe Elise:

— Asigură-te că poţi obţine cât mai mult de la el, cât mai poţi, pentru că nu va mai rezista mult…

....

Willie a devenit şi mai violent după moartea uneia dintre fiice, de diabet. A furat de la un agent o cantitate de droguri în valoare de 20 000 de dolari, a vândut-o şi a folosit banii pentru a intra în afacerea cu prostituate.

Cu toate acestea, în curând, valul de bani câştigat nu mai putea acoperi toate cheltuielile. „Se poate să fumezi cocaină de o mie de dolari în mai puţin de cinci ore – fără nicio problemă", admite el. Agentul şi-a dat seama imediat cine era vinovatul şi a pus o recompensă pe capul lui. Willie dădea un telefon dintr-o cabină publică într-o zi când, pe neaşteptate, gloanţele au început să şuiere în jurul lui. S-a răsucit mai întâi într-o parte şi apoi în cealaltă în momentul în care un glonţ de 9 mm a ricoşat din aparatul telefonic în faţa lui. Glonţul i-a despicat bărbia, trecând prin limbă. Între timp un alt glonţ i-a intrat în umăr.

Dur ca întotdeauna, Willie a vrut să se ridice şi să îl urmărească pe atacatorul care s-a urcat imediat într-o maşină ce-l aştepta şi a dispărut. Oamenii începuseră să iasă din clădirile din apropiere.

— Ai o gaură în faţă, omule!, au strigat ei, stai liniştit!

Aşa cum zăcea întins pe stradă, privindu-şi sângele curgând, Willie s-a rugat, lucru pe care nu-l prea făcuse de multe ori în viaţa lui: „Dumnezeule, nu mă lăsa, Te rog, să mor aşa."

Când Elise, care începuse recent să vină la biserica noastră, a venit să-l viziteze şi de data aceasta la spital, ea nu a făcut decât să se uite ţintă la el. Nicio emoţie nu se citea pe faţa ei.

— N-ai de gând să plângi? a întrebat-o Willie.

— Nu, am de gând să mă rog pentru tine. Ai mare nevoie de Isus…

....

Willie McLean însă nu era încă pregătit să se schimbe. El a avut o altă iubită, pe nume Brigitte, care i-a făcut doi copii în următorii ani. Înfuriată, mama ei a încercat şi ea să-l omoare, dar Willie a reuşit să-i înduplece pe ucigaşii plătiţi să-l lase în pace.

Numărul nu i-a reuşit şi cu poliţiştii din Jamaica, cartierul Queens, care îl fotografiaseră de pe un acoperiş în timp ce vindea droguri. O sudoare rece l-a cuprins, când a fost adus înaintea marelui juriu. *Se năruie totul,* şi-a spus el. *Mă paşte puşcăria, dar pentru cât timp? Cinci ani? Mai mult?*

Pedeapsa de această dată era de un an în închisoarea Rikers Island, plus cinci ani de eliberare condiţionată.

Abia atunci a reuşit Elise să-şi aducă soţul de 39 de ani la biserica noastră. O refuzase de multe ori cu tot felul de scuze: nu avea bani de colectă, nu avea haine care să se potrivească. De data aceasta însă s-a lăsat înduplecat.

„Corul începuse să cânte", îşi aminteşte el, „şi eu m-am înmuiat. A început să-mi curgă nasul şi apoi chiar plângeam!

Apoi pastorul Cymbala a început să vorbească. Se părea că dintre toţi cei care se aflau în clădire, el mi se adresa mie. Nu ştiu cum de îmi cunoştea tipul ăsta toate afacerile!"

S-a întors spre soţia lui şi a întrebat-o:

— Elise, i-ai spus despre mine?

— Nu – sincer, nu i-am spus nimic.

Şi înainte ca să-şi dea Willie seama, a fost lansată invitaţia de a veni la Cristos. Nici el nu ştie cum, dar s-a trezit ieşind în faţă, lacrimile înceţoşându-i privirea. Ajuns în faţa bisericii, şi-a întins mâinile şi a strigat: „Dumnezeule, nu mai pot. Nu mai pot să continui aşa..."

Acela a fost începutul unei noi vieţi pentru acest criminal înrăit. „Chiar dacă ştiam că în curând mă voi întoarce din nou la închisoare", spune el, „totuşi o greutate imensă a căzut în acea zi de pe umerii mei." A continuat să vină la biserică până când i-a sosit momentul să se prezinte la Rikers Island.

În timpul acelui an în închisoare, Willie L-a rugat pe Dumnezeu să-l elibereze de metadonă – un produs sintetic pe care cei de la dezintoxicare i-l administraseră timp de 15 ani în încercarea de a-i reduce apetitul pentru heroină. Ca răspuns la rugăciune, procesul de dezintoxicare care ar fi durat ani de zile a fost încheiat în zece săptămâni. Willie a fost eliberat imediat după aceea – şi de data aceasta nu s-a mai atins de droguri.

La mai puţin de un an după aceea, noi l-am angajat să lucreze în departamentul de întreţinere de la Brooklyn Tabernacle. Era, fără îndoială, o nouă creaţie în Cristos. Pastorul Dan Iampaglia, unul dintre asociaţii noştri din acea perioadă, i-a spus odată lui Willie:

— Frate, mulţumeşte Domnului pentru că soţia ta a devenit o credincioasă autentică. Altfel, s-ar fi putut să-i fi venit ideea să scape de tine cu mult timp în urmă. (Elise lucra pentru guvern şi era autorizată să poarte un pistol Magnum 0,357.)

— Ştiu, a răspuns Willie. Am făcut-o pe această femeie să îndure atât de multe! Îi mulţumesc lui Dumnezeu pentru Isus. Fără El, ea nu ar fi putut rezista.

Apoi Willie explică cu vocea lui domoală:

— Domnul nu numai că m-a salvat – m-a şi eliberat. El mi-a refăcut căsătoria. Mi-a dat înapoi încrederea. Michael, fiul meu care nu vorbea cu mine, a început să mă respecte. Tatăl meu a văzut ce a făcut Dumnezeu pentru mine şi a început şi el, după atâţia ani, să Îi slujească Domnului. Sora mea, care fusese prostituată, şi-a predat inima Domnului. Cumnatul meu, care abuza de fiicele lui vitrege, m-a sunat într-o zi. Se simţea atât de vinovat, încât era gata să se spânzure. Am început să-i vestesc Evanghelia. Astăzi el îi slujeşte Domnului, cântând în corul de bărbaţi de la Brooklyn Tabernacle. Dumnezeu mi-a schimbat radical viaţa. M-a binecuvântat pe mine şi familia mea într-un mod incredibil.

Când i-am cerut să-şi depună mărturia de la amvonul bisericii noastre, Willie s-a luptat să-şi rețină lacrimile în timp ce citea un pasaj din Scriptură, care rezuma uimitoarea lui poveste:

> Mulțumesc lui Hristos Isus, Domnul nostru, care m-a întărit, că m-a socotit vrednic de încredere, şi m-a pus în slujba Lui, măcar că mai înainte eram un hulitor, un prigonitor şi batjocoritor. Dar am căpătat îndurare, pentru că lucram din neştiință, în necredință! Şi harul Domnului nostru s-a înmulțit peste măsură de mult împreună cu credința şi cu dragostea care este în Hristos Isus.
>
> O, adevărat şi cu totul vrednic de primit este cuvântul, care zice: „Hristos Isus a venit în lume ca să mântuiască pe cei păcătoşi", dintre care cel dintâi sunt eu. Dar am căpătat îndurare, pentru ca Isus Hristos să-Şi arate în mine, cel dintâi, toată îndelunga Lui răbdare, ca o pildă celor ce ar crede în El, în urmă, ca să capete viața veşnică. A Împăratului veşniciilor, a nemuritorului, nevăzutului şi singurului Dumnezeu să fie cinstea şi slava în vecii vecilor! Amin. (1 Timotei 1:12–17)

Puterea Duhului Sfânt a pus stăpânire pe această namilă de om şi l-a oprit de la autodistrugere. Acelaşi Duh al lui Dumnezeu care l-a întors pe Willie McLean la Cristos şi la mântuire, l-a păstrat de atunci curat şi biruitor. Gândiți-vă la potențialul de putere care ne stă la dispoziție prin Cuvântul lui Dumnezeu făcut viu prin Duhul Sfânt. Noi trebuie să avem atât Cuvântul, cât şi Duhul – nu doar Cuvântul, sau doar referința permanentă la Duh – ci atât Cuvântul, cât şi Duhul împreună, aducând binecuvântare şi mântuire.

Să ne rugăm pentru pastorii de pretutindeni, ca o putere proaspătă şi incandescentă să se reverse peste noi atunci când vorbim de la amvon. Să-I cerem lui Dumnezeu să dea bisericilor noastre acea propovăduire care să aducă pe pământ lucrurile cereşti cu atâta putere, încât satele noastre, oraşele noastre, țara noastră şi lumea noastră să fie schimbate pentru totdeauna. Să ne alăturăm toți acelui om sincer al lui

Dumnezeu dintr-un alt secol, care şi-a exprimat dorinţa inimii prin următoarele cuvinte: „Tânjesc din ce în ce mai mult să fiu umplut cu Duhul şi să îmi văd biserica mişcată şi topită de Cuvânt, aşa cum în timpul marilor treziri «se cutremura locul unde erau adunaţi», pentru că Domnul a venit cu putere."[4]

....

Doamne, trimite o trezire şi fă-o să înceapă în noi, în propovăduirea noastră, în bisericile noastre. Dar indiferent cum şi de unde va începe, Doamne, trimite o trezire a Duhului Sfânt printre copiii Tăi.

Capitolul 5

Faţă în faţă cu focul

Aşa cum am văzut deja din relatarea din Fapte, capitolul 1, a petrece timp în comuniune cu Dumnezeu este de o importanță vitală când vrem să gustăm din puterea Duhului. Nu este surprinzător că Faptele apostolilor se referă la câteva perioade-cheie de rugăciune din viața Bisericii. Ele ne dau informații despre cum îşi ducea Biserica la îndeplinire misiunea ei de pe pământ.

Odată, Petru şi Ioan se îndreptau spre Templu să se roage, când s-a întâmplat ceva minunat. Relatarea începe astfel:

> Petru şi Ioan se suiau împreună la Templu, la ceasul rugăciunii: era ceasul al nouălea. Acolo era un olog din naştere, care era dus şi pus în toate zilele la poarta Templului, numită „Frumoasă", ca să ceară de milă de la cei ce intrau în Templu. Omul acesta, când a văzut pe Petru şi pe Ioan că voiau să intre în Templu, le-a cerut milostenie. Petru, ca şi Ioan, s-a uitat țintă la el şi a zis: „Uită-te la noi!" Şi el se uita la ei cu luare-aminte şi aştepta să capete ceva de la ei. Atunci Petru i-a zis: „Argint şi aur n-am; dar ce am, îți dau: În Numele lui Isus Hristos din Nazaret, scoală-te şi umblă!" L-a apucat de mâna dreaptă şi l-a ridicat în sus. Îndată i s-au întărit tălpile şi gleznele; dintr-o săritură a fost în picioare şi a început să umble. A intrat cu ei în Templu, umblând, sărind şi lăudând pe Dumnezeu. Tot norodul l-a văzut umblând şi lăudând pe Dumnezeu. (Fapte 3:1–9)

În mod sigur ologul de la poarta Frumoasă nu era singurul cerşetor din acea zi; e posibil să mai fi fost şi alţii care încercau să capteze atenţia lui Petru şi Ioan. Însă Biblia spune că Petru „s-a uitat ţintă la el". Alte traduceri spun: „Petru, fixându-şi privirea asupra lui..." (KJV) sau „Petru s-a uitat cu mare atenţie la om" (Phillips).

Vă pot spune, după o viaţă întreagă trăită în New York City, că majoritatea oamenilor *evită* să se uite în ochii cerşetorilor. Mecanismul de apărare este să pretinzi că nici măcar nu îi vezi pe aceşti nefericiţi. Mergi cu privirea aţintită înainte şi dintr-odată taxiul de pe stradă, reclama de deasupra capului tău sau orice altceva devin foarte interesante, numai bărbatul cărunt care culege sticle sau femeia care umblă prin gunoaie nu.

Răspunsul lui Petru a fost exact opusul acestei reacţii. El şi-a dat seama, prin Duhul, că Dumnezeu era pe cale să facă ceva pentru acest om. Petru nu s-a simţit atras la modul general de către toţi cei ce stăteau la poartă, ci în mod special de către acest om.

Nu există niciun indiciu că acest olog ar fi crezut în Isus, Mesia. El nu i-a cerut lui Petru să se roage. Nu a făcut decât să spună, pe limba lui, ca toţi ceilalţi: „Dă-mi şi mie un ban".

Cu toate acestea, Petru a ştiut în inima lui ce trebuia să facă – sau, mai degrabă, el a ştiut ceea ce Dumnezeu era pe punctul de a face. El a stabilit primul contact. „Uită-te la noi!", i s-a adresat el.

Ce intenţie are Duhul?

Acea percepţie interioară este lucrul pe care noi trebuie să îl redobândim în ziua de azi. Nu foarte mulţi dintre noi se aşteaptă ca Dumnezeu să ne dea astfel de indicaţii şi călăuziri supranaturale. Poate că Duhul Sfânt vrea să atingă pe cineva cu putere divină şi să-i schimbe viaţa pentru totdeauna – însă cu greu găseşte un canal pe care să-l folosească, pe cineva a cărui antenă spirituală să fie îndreptată într-o direcție cerească, gata să dea ascultare îndemnului lui Dumnezeu. Relatarea din Fapte 3 nu este un misticism gen hocus-pocus, ci redarea exactă a ceea ce Duhul Sfânt a făcut prin doi slujitori care L-au ascultat.

Prea adesea noi ne rugăm pentru problemele noastre într-un mod mecanic, repetând mereu şi mereu aceleaşi cuvinte, indiferent de caz. Am face mult mai bine dacă am sta înaintea Domnului şi am deveni sensibili la intenția Duhului cu privire la ce să facem, ce să spunem sau ce să *nu* spunem în umblarea noastră printre oamenii în nevoie, relații rupte şi alte probleme care se ivesc pe cale. Acelaşi Dumnezeu care l-a călăuzit pe Petru ne poate călăuzi şi pe noi astăzi.

Vă rog să observați că Petru nu s-a oprit să vindece pe fiecare dintre cerşetorii care se aflau în acea zi la poarta Templului, ci numai pe un anumit om. Nu există nicăieri în Noul Testament niciun fundament pentru producerea mecanică şi în serie a vreunui dar spiritual la buna plăcere a credinciosului. Din contră, toate indică spre faptul că trebuie să fim deschişi şi ascultători la mişcarea Duhului Sfânt şi la modul Lui de gândire.

Gândiți-vă la tot ce pierdem când nu suntem pe aceeaşi undă cu îndrumările delicate şi totuşi puternice ale Duhului. Numai în câteva minute, în acea zi, în Ierusalim, un olog era din nou pe picioarele sale, sărind şi dansând pentru prima dată în viața lui. Nu e remarcabil că acest lucru nu s-a întâmplat *la întoarcerea spre casă* de la o întâlnire de rugăciune minunată, după ce Petru şi Ioan înălțaseră Numele Domnului timp de două ore şi se aflau acum pe înalte culmi spirituale? Ci s-a întâmplat „pe când se *suiau* împreună la Templu, la ceasul rugăciunii: era ceasul al nouălea" (Fapte 3:1). Nici măcar nu ajunseseră la întâlnirea de rugăciune şi totuşi inimile lor erau în aşa fel acordate cu Duhul lui Dumnezeu că au fost imediat gata să ia parte la ceea ce Duhul dorea să facă.

Ironia e că acest om sărman a fost găsit cerşind la poarta Templului numită „Frumoasă". Cartierul unde eu şi soţia mea, Carol, ne desfăşurăm lucrarea este plin de mizerie şi urâciune peste tot. Aici lucrurile nu sunt foarte frumoase. Există o mulţime de infirmi pe tot cuprinsul Americii, unii chiar şi în locurile frumoase. Ei nu sunt infirmi fizic, dar sunt cerşetori de o altă natură. Au gustat din succesul material, din siguranţa financiară şi din plăcerile fizice – dar sunt tot goi şi singuri acasă în sufletele lor. Dumnezeu să ridice o armată care să proclame cuvinte de vindecare şi eliberare pentru aceşti „altfel de infirmi".

Mersul şi săriturile neaşteptate ale acestui om erau o dovadă oarecum dramatică a faptului că Numele lui Isus avea putere. Mulţimea s-a adunat cuprinsă de uimire – o a doua mulţime din istoria Bisericii care urma să fie evanghelizată. Remarcaţi încă o dată ce anume i-a strâns: *o manifestare a puterii Duhului prin intermediul credincioşilor,* exact ca şi în ziua de Rusalii. Nu aceeaşi demonstraţie, bineînţeles, dar ceva care i-a provocat pe oameni să întrebe: „Cum s-a întâmplat?"

O explicaţie curajoasă

Petru începe din nou să vorbească plin de curaj. „Voi v-aţi lepădat de Cel sfânt şi neprihănit", spune el în Fapte 3:14. Ca să vedeţi cine vorbeşte! Nu se lepădase el însuşi de Cristos, în jurul unui foc, cu câteva săptămâni în urmă? Dar pentru Petru toate sunt trecute acum, mulţumită puterii sângelui lui Isus şi a prezenţei Duhului Sfânt din viaţa lui. El nu se complace în autoînvinovăţire. El ştie că ceea ce Dumnezeu iartă, Dumnezeu şi uită, de aceea Petru se adresează cu atâta curaj mulţimii.

Cu siguranţă că unii dintre ascultătorii lui fuseseră în gloata care strigase în curtea lui Pilat: „Răstigneşte-L! Răstigneşte-L!" V-aţi fi aşteptat ca Petru să fie un pic mai diplomatic aici. Însă ceea ce această mulţime *dorea* să audă era ultimul lucru care-l preocupa. Nu îi este teamă să afirme ceea ce ei *au nevoie* să audă. Nu e treaba lui care va fi reacția lor la Cuvântul lui Dumnezeu – preocuparea lui e să fie credincios chemării de purtător de cuvânt al lui Cristos.

„Prin credința în Numele lui Isus, a întărit Numele Lui pe omul acesta", spune Petru, „pe care-l vedeți și-l cunoașteți; credința în El a dat omului acestuia o tămăduire deplină, cum vedeți cu toții" (v. 16). Credința nu era în acel om în mod evident, ea era în inima lui Petru și a lui Ioan. Aceasta nu era doar o afirmație la nivelul minții a unor fapte privind viața lui Isus. Nu era nicio repetare fără sens a unei formule: „Cred, cred, ești vindecat, ești vindecat". Credința pe care Dumnezeu i-a dat-o lui Petru era născută din Duhul și croită exact pe măsura situației în fața căreia stătea el în acea zi.

Și astăzi putem fi siguri că indiferent de *chemarea* pe care Dumnezeu ne-o face, El va fi credincios să ne și *echipeze* pentru a o face. Amintiți-vă: „Credincios este Dumnezeu, care v-a chemat la părtășia cu Fiul Său, Isus Hristos, Domnul nostru" (1 Corinteni 1:9) Noi suntem lucrători împreună cu Cristos prin lucrarea Duhului Sfânt în noi și prin noi.

Indiferent de chemarea pe care Dumnezeu ne-o face, El va fi credincios să ne și echipeze pentru a o face. ✳

Predica lui Petru a produs în acea zi un al doilea val de convertiți, astfel încât Biserica a crescut până la cinci mii.

Mers în gol

În același moment însă s-a declanșat persecuția. Citim în Fapte 4:1–3 că, înainte ca Petru și Ioan să facă doi pași au și fost „ridicați". Au sfârșit prin a petrece noaptea în închisoare.

Ce anume a provocat arestarea? Preoții și saducheii erau „foarte necăjiți că învățau pe norod și vesteau în Isus învierea din morți" (v. 2). Dacă Petru și-ar fi ajustat mesajul spre ceva mai acceptabil... poate o predicuță despre mâncarea kosher sau despre cât de frumos arăta Templul în acea zi... el ar fi putut scăpa de necazuri. Dar acesta nu este modul de lucru al lui Dumnezeu.

Este modalitatea oamenilor lipsiți de credința în puterea Duhului Sfânt. Ei testează mereu cu dibăcie modalitățile de a-i ține pe oameni și de a rămâne populari. Aceasta este una dintre componentele mișcării dezastruoase a așa-zisei „creșteri a bisericii". Dumnezeu nu ne spune nicăieri să avem biserici mari sau că numărul crescând al membrilor este un semn că totul merge bine. Chemarea Lui pentru noi însă este să facem lucrarea *Lui* în felul *Lui,* predicând cuvântul *Lui,* cu puterea *Lui,* spre slava *Lui.* Eu cred că, dacă prin harul Lui, noi facem astfel, „numărul" va crește – nu ca un țel de atins, ci ca un rezultat auxiliar al binecuvântării lui Dumnezeu.

Să ne amintim că întotdeauna a existat persecuție într-o formă sau alta, așa cum Satana a încercat să-L omoare pe pruncul Isus în Betleem tot astfel îl vedem aici pornind împotriva Bisericii în fașă. Uneori persecuția este fățișă și violentă; alteori ea este mai subtilă.

Este cu adevărat jenant pentru noi să citim această relatare în lumina a ceea ce numim noi „probleme", a lucrurilor de care ne plângem. Comparativ cu ceea ce li s-a întâmplat apostolilor în Fapte 4 umblarea noastră este ca o plimbare prin parc. Noi încă mai avem libertatea de a ne aduna, de a predica, de a împărți literatură creștină. Cu toate acestea noi dăm vina pe mediu pentru lipsa noastră de putere în loc să ne recunoaștem condiția spirituală. Vorbim la nesfârșit despre cât de păgână devine țara când singurul răspuns la această situație este ca noi, Biserica, să ne întoarcem la dreptul nostru spiritual câștigat prin naștere, de comunitate puternică în Isus Cristos.

Cum au răspuns copiii lui Dumnezeu la adevărata intimidare și persecuție?

La punerea sub judecată a apostolilor a doua zi dimineața înaintea reprezentanților puterii evreiești inclusiv a marelui-preot, au existat foarte puține introduceri de curtoazie. Prima întrebare le-a fost imediat aruncată în față: „Cu ce putere sau în numele cui ați făcut voi lucrul acesta?" (v. 7).

Observați cum Luca, autorul, pregătește scena în versetul 8: „Atunci, Petru, *plin de Duhul Sfânt,* le-a zis..." De ce credeți că Luca a introdus această propoziție în plus? Dacă Petru și ceilalți au fost umpluți cu Duhul în mod categoric și permanent acolo în camera de sus de ce ar mai fi amintit de aceasta aici? Dacă umplerea cu Duhul este doar o parte standard a creștinismului pentru toți credincioșii, de ce această menționare ciudată? E ca și cum ai scrie: „Atunci Petru, *care respira,* le-a spus..."

Aparent, Luca a simțit că exista aici ceva demn de notat și care trebuia scos în evidență. Petru nu mai stătea acum în fața lor ca un fost pescar încercând să răspundă inchizitorilor pe cât de bine se putea el descurca. El nu urma doar să citeze ceva ce auzise de la Isus în timpul celor trei ani de pregătire. El era un om sub controlul și ungerea Duhului lui Dumnezeu Însuși! Ne minunăm încă o dată la gândul că: era Petru, fără îndoială, un om cu slăbiciuni și neputințe ca noi toți – dar nu mai era un Petru singur. Era Petru „plin de Duhul Sfânt", iar această curte de judecată nu a înțeles cu adevărat cu cine are de-a face.

Îi mulțumesc lui Dumnezeu pentru aceste înzestrări cu putere în momentele critice ale vieții. Noi trebuie să credem că Dumnezeu ni le va da atunci când dăm peste propriile noastre greutăți și provocări. Trebuie să ne amintim mereu că „necazurile deschid canale pentru mai mult har".[1]

Cu cât vorbea Petru mai mult, cu atât mai uimite rămâneau oficialitățile. „Când au văzut ei îndrăzneala lui Petru și a lui Ioan, s-au mirat, întrucât știau că erau oameni necărturari și de rând" (Fapte 4:13). Cu siguranță aceștia doi nu au fost elocvenți. Poate că sandalele lor mai purtau încă puțin din mirosul momelii pentru peşte. Petru nu era, aşa cum spunem noi în New York, „tocmai potrivit". Ce ridicol ca aceşti neştiutori să se prezinte ca lideri religioşi! Nu erau decât galileeni, bădărani, ţărănoi. Ce glumă pentru mândrul Sanhedrin şi tradiţiile lui pompos etalate.

Cu siguranţă aceştia doi nu au fost elocvenţi. Poate că sandalele lor mai purtau încă puţin din mirosul momelii pentru peşte. Petru nu era, aşa cum spunem noi în New York, „tocmai potrivit".

Dar aceşti bărbaţi nu au arătat nici teamă, nici intimidare înaintea celei mai mari puteri din iudaism. Nu pricepeau ei că acest consiliu pregătise crucificarea lui Isus şi că ar fi putut la fel de uşor să le facă acelaşi lucru urmaşilor Lui?

Da, ei pricepuseră. Însă puterea Duhului Sfânt i-a făcut fără teamă.

Multora dintre noi le-ar prinde bine să audă din nou ceea ce bătrânul Pavel i-a scris tânărului Timotei, dintr-o închisoare romană în timp ce aştepta să fie executat: „Căci Dumnezeu nu ne-a dat un duh de frică, ci de putere, de dragoste şi de chibzuinţă" (2 Timotei 1:7). Nu trebuie să fim niciodată intimidaţi de ceea ce încercă să ne facă cel rău, fie că se îndreaptă împotriva noastră ca indivizi, ca biserică locală sau ca Trup al lui Cristos în întregul lui. Ci să credem că Duhul Sfânt ne dă cuvintele şi ne ajută să vorbim cu îndrăzneală.

Mărturie vie

Sanhedrinul avea, bineînţeles, o mică problemă. „Dar fiindcă vedeau lângă ei pe omul care fusese vindecat, nu puteau zice nimic împotrivă" (Fapte 4:14). Aceasta este nevoia noastră actuală – nevoia de exemple clare ale puterii lui Dumnezeu. Există ceva de necontestat într-o viaţă nouă plină de pace şi bucurie din Duhul Sfânt – fie că e vorba de un dependent de droguri care a fost eliberat, de un copil care a fost vindecat, de un homosexual care a devenit persoană normală sau de un hedonist care s-a schimbat. Avem nevoie de dovezi vii, trofee ale harului lui Dumnezeu pentru a dezminți criticile. Cuvântul lui Dumnezeu este mesajul nostru așa cum a fost și al lui Petru. Nu poate Dumnezeu să ne dea mărturii vii ca să arătăm lumii că „Isus Hristos este același ieri, azi și în veci" (Evrei 13:8)?

Uneori, în deplasările corului Brooklyn Tabernacle, alocăm spațiu între cântări pentru ca membrii corului să povestească despre viețile lor. Soția mea, Carol, dirijoarea, vrea să amintească ascultătorilor că acel Isus despre care cântă corul are încă putere să mântuiască. Nu o singură dată, Pam Pena – soția unuia dintre pastorii noștri asociați – a împărtășit cum Domnul a eliberat-o de anorexie. Crescută într-o suburbie din New Jersey, într-o familie care mergea regulat la biserică, Pam era o adolescentă emotivă căreia îi lipsea încrederea în sine și se simțea inutilă. Părerea colegilor și prietenilor ei era extrem de importantă.

Această femeie tânără cu păr șaten scurt și trăsături frumoase rememorează în fața publicului cum, pentru a fi pe placul prietenilor, a început să chiulească de la școală, să bea și să fumeze. La 16 ani a aflat că e însărcinată. Prietenul a părăsit-o și ea era devastată. Simțindu-se singură, s-a programat imediat pentru un avort.

Pe urmă și-a spus: *Poate dacă mă întorc la Dumnezeu și încerc să fac ce trebuie, El mă va accepta.* Nu și-a dat seama că încerca prin propriile ei eforturi să câștige aprobarea lui Dumnezeu. În timp, aceste eforturi au lăsat-o pustiită. Nu era nici acum sigură cine era și a devenit obsedată de greutatea pe care o avea.

Primii doi ani petrecuți la un colegiu creștin s-au remarcat prin diete drastice și exerciții energice – până la punctul în care prietenii au început să-i atragă atenția. Pam s-a hotărât că e mai bine să mănânce pentru a-i mulțumi, dar se retrăgea apoi în baie pentru a da afară mâncarea din stomac. S-a simțit deziluzionată, fără să înțeleagă că harul lui Dumnezeu o primea aşa cum era. La sfârşitul celui de-al doilea an era neputincioasă şi slabă, tot îndopându-se şi vomând de cinci ori pe zi.

A renunțat la şcoală, s-a întors acasă în New Jersey şi s-a hotărât să nici nu încerce măcar să-L mai slujească pe Dumnezeu. De această dată s-a refugiat într-un colegiu laic, Virginia Tech, unde viața ei a scăpat şi mai mult de sub control. Cineva i-a făcut cunoştință cu cocaina, care printre altele suprimă apetitul pentru mâncare. A devenit imediat dependentă.

Următorii trei ani au fost un vârtej de abuz în alimentație îmbinată cu cocaina. La o petrecere de Anul Nou, s-a dus disperată în baia gazdelor şi a curățat dulăpiorul de medicamente de toate medicamentele pe care le-a putut găsi şi le-a pus în geantă. A doua zi dimineața, acasă, le-a înghițit pe toate şi s-a întins apoi aşteptând să moară.

În timp ce aştepta şi-a sunat o prietenă de la facultate – şi aceasta a fost salvarea ei. Dar chiar şi cele şase săptămâni de tratament intensiv nu au putut îndepărta sila ei față de mâncare. De fapt, un alt pacient aflat acolo a informat-o într-o zi unde se află cel mai bun loc din zonă pentru achiziționarea cocainei! Pam s-a folosit de informație imediat ce a ieşit din spital.

După aproape un an ea a încercat să se sinucidă pentru a doua oară. A condus în mod deliberat cu ochii închişi pe o autostradă şi a fost lovită de un autobuz. Impactul a fost teribil, distrugându-i maşina. Pam a trebuit să fie scoasă din vehicul de o echipă de intervenție – dar în mod uimitor a scăpat fără nicio zgârietură. În tot acest timp, părinții ei şi biserica din care făceau parte se rugau fierbinte ca Dumnezeu să o salveze cumva de ea însăşi.

Într-un final, în timp ce locuia cu prietenul ei care nu era dependent de droguri, Pam a reuşit să-şi păstreze două posturi de chelneriță, al doilea fiind doar pentru finanțarea cocainei, cumpărată fără ştirea prietenului ei. Relația era, de la sine înțeles, tensionată. Într-o dimineață, în timp ce conducea spre un club de la țară din Wayne, New Jersey, pentru schimbul de după-amiază, şi-a zis: „Ori tipul ăsta mă va prinde că iau droguri şi va reacționa violent, ori voi încerca să-mi iau din nou viața. De fapt... cum anume să fac să-mi reuşească de data aceasta?"

Şi în acel moment, în culmea disperării a început să strige către Domnul. Plângea atât de tare, încât niciun sunet nu-i ieşea din gât, însă sufletul ei țipa din răsputeri *O, Doamne, vreau să trăiesc!*

Şi acolo, pe autostradă „dragostea lui Dumnezeu a pătruns în maşină", îşi aminteşte ea. „Am renunțat, în sfârşit, să tot încerc să mă fac iubită de oameni. Am încetat să mai caut aprobarea. Am văzut cum mă autoamăgeam.

Domnul mi-a adus aminte de drumul până la altar, când aveam numai cinci ani, într-o întâlnire ținută într-un cort, şi parcă mi-ar fi spus: «Te-am iubit mereu». Am văzut în momentul acela cu ochii spirituali ceea ce pierdusem până atunci. M-am prăbuşit parcă în brațele lui Dumnezeu spunând: «Mă predau. *Voi* crede că Tu mă iubeşti.»"

Pam a renunțat pe loc la postul de chelneriță. Nu s-a mai atins niciodată de cocaină. În câteva săptămâni a renunțat la țigări. Şi Dumnezeu Duhul Sfânt S-a apucat de lucru în domeniul alimentației ei defectuoase. În următorii doi ani, fără psihoterapie sau seminare, Pam a renunța treptat la comportamentul dăunător. Când avea momente grele, în timpul acestui proces, Dumnezeu părea să o asigure că mâna ei era în a Lui şi că El o scotea pentru totdeauna din groapa în care trăise atât de mult timp.

„M-am întors în biserică şi am început să devorez Cuvântul lui Dumnezeu. Adevărul mă elibera de robia şi înşelăciunea mea. Am ajuns să înțeleg de ce stilul meu de a mânca era o formă de păcat, trupul nu-mi aparținea mie. Nu aveam dreptul să mă îndop şi apoi să-mi provoc voma. Domnul m-a făcut să mă pocăiesc de acest lucru. Tot El îmi înnoia şi mintea zi de zi.

A trebuit să mă încred în Domnul că nu mă voi îngrăşa dacă mănânc şi păstrez mâncarea în stomac – iar dacă se va întâmpla, El mă va ajuta să rezolv acea situație. Încetul cu încetul Duhul Sfânt m-a învățat cum să mănânc."

Tot în această perioadă Pam l-a întâlnit pe Alex şi s-au căsătorit. Alex a fost o influență bună în lucrurile spirituale. Primul lor copil s-a născut perfect sănătos în ciuda tuturor abuzurilor pe care Pam le-a făcut împotriva trupului ei. De atunci, alți doi copii minunați s-au alăturat familiei.

Pam aminteşte adesea, când îşi depune mărturia, de o anumită cină: Ziua Recunoştinței din 1988. Sărbătorile pot fi cel mai groaznic coşmar pentru o persoană anorectică. „M-am aşezat la masă împreună cu toate rudele, am servit cina – ba chiar am acceptat şi o porție de desert. Se părea că Duhul Sfânt îmi şoptea în ureche în timp ce mâncam: *Ești bine. Totul s-a terminat.*

M-am ridicat de la masă şi m-am dus într-o cameră liniştită de la etaj. Acolo am început să plâng cu suspine şi să-I mulțumesc lui Dumnezeu. Din acea zi, acum mai bine de 10 ani, nu am mai mâncat peste măsură şi nici nu am vomat – nu am avut nici măcar tentația de a face aşa ceva. Nu aveam dorința de a mă duce direct la baie nici atunci când uneori mă simțeam prea «plină» după o masă. A fost o eliberare deplină. Am fost eliberată pentru a mă încrede în Dumnezeu şi în harul Său."

O dată după ce Pam vorbise într-o biserică mare din Dallas, Dumnezeu a folosit povestea ei pentru a aduce eliberare unei femei cu o dereglare similară. Dar ştiți ce e curios? Au existat creştini în alte locuri care la sfârşit i-au spus: „E imposibil. Nu credem că acest lucru ți s-a întâmplat cu adevărat."

Adevărul e că Dumnezeu a făcut o minune în viața lui Pam Pena. Astăzi ea este o minunată slujitoare a Domnului care îi îndreaptă și pe alții din biserica noastră spre libertate. Și toate acestea s-au întâmplat, nu datorită strategiilor omenești, ci datorită influenței delicate a Duhului Sfânt.

Care este rata de succes a psihiatriei din ziua de azi? Cât de eficiente sunt programele guvernamentale de dezintoxicare? Lucrul uimitor în legătură cu Teen Challenge, ale cărui baze au fost puse de prietenul meu David Wilkerson, este că mesajul lor centrat pe Cristos a ajutat tineri, bărbați și femei, să scape de sub influența drogurilor mai eficient decât multe alte programe; până și studiile guvernamentale au recunoscut acest lucru. Puterea Duhului este mai mare chiar decât farmecul seducător al heroinei și cocainei.

Luptă, fugi sau...?

În ciuda dovezii că s-a înfăptuit un bine, Sanhedrinul nu-și putea permite să cedeze în fața lui Petru și a lui Ioan. Au luat pauză pentru o sesiune executivă și apoi „după ce i-au chemat, le-au poruncit să nu mai vorbească *cu niciun chip*, nici să mai învețe pe oameni în Numele lui Isus" (Fapte 4:18). Petru a replicat că o astfel de restricție nu va ține, lucru pentru care „i-au amenințat din nou" (v. 21) înainte ca ședința să se încheie.

Care erau opțiunile apostolilor în acel moment? Eu văd cel puțin trei:

1. Biserica, cu cei 5 000 de membri sau mai mulți, își putea contracta mușchiul colectiv. Ar fi putut aranja o demonstrație publică, un marș în semn de protest în jurul clădirilor Sanhedrinului. „La urma urmelor", ar fi putut spune ei, „noi nu mai suntem doar un amărât grup de doisprezece ucenici. Suntem un bloc electoral de care să se țină seama. Ne cerem drepturile. Nu vă veți descotorosi așa ușor de noi." Aceasta ar fi fost – așa cum e și acum – o abordare defectuoasă a unei lumi spirituale ostile.

2. „Stați așa puțin" – ar fi putut spune ei – „noi am experimentat o manifestare a lui Dumnezeu în camera de sus; vânt puternic, limbi de foc și vorbire în alte limbi. Prin urmare, noi suntem invincibili. Putem ține piept oricui. Haideți! – să continuăm să cităm din promisiuni: «Domnul este Păstorul meu, nu voi duce lipsă de nimic.»; «Nu te voi lăsa, cu niciun chip nu te voi părăsi.» Mărturisirea noastră de credință va face ca toată această încurcătură să dispară."

3. Ar fi putut pur și simplu să renunțe. Petru ar fi putut spune: „Știți că nu vă puteți pune cu autoritățile. Negreșit acești oameni pot obține permisiunea de la Roma să ne omoare. Mai bine am dispărea din oraș și ne-am întoarce la pescuit. Dumnezeu e oricum omnipotent și suveran, așa că de ce ar avea nevoie ca să ne riscăm noi pielea?"

Apostolii nu au ales niciuna dintre aceste opțiuni. Nu au format un comitet politic de acțiune, nu s-au bazat pe experiența lor spirituală din trecut și nu au înclinat steagul. Ci s-au dus la o întâlnire de rugăciune. Biblia spune că „și-au ridicat glasul toți împreună către Dumnezeu" (v. 24). Și voi ați fi făcut la fel dacă v-ar fi fost amenințată viața! Chiar dacă nu vă stătea în obicei să practicați rugăciunea colectivă, probabil că în disperare v-ați fi înălțat glasul. Acesta a fost un strigăt înflăcărat după ajutor.

Apostolii nu au format un comitet politic de acțiune, nu s-au bazat pe experiența lor spirituală din trecut și nu au înclinat steagul. Ci s-au dus la o întâlnire de rugăciune.

Indiferent ce am fost învățați, tu sau eu, indiferent din ce fel de biserică provenim, vedem că rugăciunea în Biserica primară era, la prima vedere, un lucru foarte sonor și arzător. Dar și David a lăsat să se vadă mult din aceeași emoție: „Strig cu glasul meu către Dumnezeu, strig cu glasul meu către Dumnezeu, și El mă va asculta. În ziua necazului meu caut pe Domnul; noaptea, mâinile îmi stau întinse fără curmare" (Psalmul 77:1–2). Acest gen de rugăciune nu le era străin copiilor lui Dumnezeu.

De prea multe ori atunci când suntem sub stres sau presiune, facem orice altceva numai nu convocăm o întâlnire de rugăciune. Încercăm să folosim pârghiile politice, facem planuri de bătaie, rostim promisiunile lui Dumnezeu în chip oarecum mecanic, în loc să le folosim biblic în rugăciune. Dumnezeu spune însă că putem „să căpătăm îndurare şi să găsim har, pentru ca să fim ajutați la vreme de nevoie." Unde? La „scaunul harului" (Evrei 4:16).

Am uitat de învățătura lui Pavel dată lui Timotei? „Vă îndemn, dar, *înainte de toate*, să faceți rugăciuni, cereri, mijlociri, mulțumiri pentru toți oamenii... Lucrul acesta este bun şi bine primit înaintea lui Dumnezeu, Mântuitorul nostru... Vreau, dar, ca bărbații să se roage în orice loc şi să ridice spre cer mâini curate, fără mânie şi fără îndoieli" (1 Timotei 2:1, 3, 8). Pavel nu îşi putea imagina nimic mai important, nimic care să fie trecut în agendă înaintea rugăciunii.

Acest grup din Ierusalim a strigat la Domnul ca El să dea „putere robilor Tăi să vestească Cuvântul Tău cu toată îndrăzneala" (Fapte 4:29). Drept răspuns „s-a cutremurat locul unde erau adunați". Nu exista nicio îndoială că ei intraseră în legătură cu cerul. Relatarea se încheie cu următoarele cuvinte: „Toți s-au umplut de Duhul Sfânt şi vesteau Cuvântul lui Dumnezeu cu îndrăzneală" (v. 31).

Dar, stați puțin! Nu fuseseră ei umpluți cu Duhul Sfânt în Ziua Cincizecimii? Ce-i cu această nouă umplere?

Ea dovedeşte că nu putem trăi din ce a făcut Dumnezeu în viețile noastre săptămâna trecută, luna trecută sau anul trecut. Avem nevoie de o continuă umplere cu Duhul pentru a face față tendințelor puternice şi păgâne ale acestui veac. Trebuie să existe înzestrări mai serioase cu putere pentru a face față provocărilor mai serioase. Cu cât e mai mare măcelul şi cu cât sunt mai înveninate tacticile pe care le inventează Satan, cu atât mai mult trebuie să fie implorat Duhul lui Dumnezeu să vină şi să ne pregătească de luptă. De aceea D.L. Moody (vezi prologul) a organizat adunarea din 1880, pentru ca oamenii să vină şi să-L caute pe Dumnezeu pentru o umplere proaspătă cu puterea Duhului, de care era, evident, atâta nevoie.

Avem nevoie de o continuă umplere cu Duhul pentru a face față tendințelor puternice și păgâne ale acestui veac.

John Wesley, fondatorul mişcării metodiste, a ţinut în 1744 o predică întreagă din Fapte 4:31 – nici mai mult, nici mai puţin decât în faţa unui auditoriu de la Oxford, care a fost alma mater şi pentru el. A fost o chemare răsunătoare la a da voie Duhului Sfânt să lucreze în felul Lui. El şi-a bombardat ascultătorii cu un potop de întrebări directe la adresa lâncezelii lor spirituale, ajungând spre sfârşit la acest punct culminant:

> Ce puţini dintre voi petrec, de la o săptămână la alta, o singură oră în rugăciune! Ce puţini vă amintiţi de Dumnezeu în conţinutul general al conversaţiei voastre! Care dintre voi e familiarizat, într-o măsură mai mică sau mai mare, cu lucrarea Duhului Său, cu lucrarea Lui supranaturală din sufletele oamenilor? Puteţi purta o discuţie cu Duhul Sfânt, în afara celor din biserică, din când în când? Nu cumva, dacă cineva începe o astfel de conversaţie, voi o catalogaţi imediat ca ipocrizie sau entuziasm? În Numele Domnului Dumnezeului cel Atotputernic, eu întreb, de ce religie aparţineţi?[2]

O întrebare foarte interesantă pentru noi cei de la începutul secolului al XXI-lea. *De ce religie aparţinem?* Eu cred că există un număr tot mai mare de creştini pe tot cuprinsul ţării care sunt flămânzi după religia Bibliei, creştinismul Noului Testament în toată splendoarea lui spirituală. Ei nu sunt satisfăcuţi de cultura bisericească americană contemporană şi nici de rodul pe care ea îl produce. În timp ce valul de răutate al acestei lumi, al cărnii şi al diavolului se ridică până la nivelul inundației, Domnul ridică împotriva lui o stavilă dumnezeiască – bărbați şi femei ale căror inimi strigă împreună cu psalmistul:

> Dumnezeule, Tu eşti Dumnezeul meu,
> pe Tine Te caut!
> Îmi însetează sufletul după Tine,
> îmi tânjeşte trupul după Tine,
> într-un pământ sec, uscat şi fără apă.
> Aşa Te privesc eu în locaşul cel sfânt,
> ca să-Ți văd puterea şi slava.
> Fiindcă bunătatea Ta prețuieşte mai mult decât viața,
> de aceea buzele mele cântă laudele Tale.
> Te voi binecuvânta dar toată viața mea,
> şi în Numele Tău îmi voi ridica mâinile.
> Mi se satură sufletul ca de nişte bucate grase şi miezoase,
> şi gura mea Te laudă cu strigăte de bucurie pe buze.
> (Psalmul 63:1–5)

Capitolul 6

O casă unită

În 1858, în Springfield, Illinois, un bărbat înalt şi masiv s-a ridicat să accepte nominalizarea pentru postul de senator al Statelor Unite din partea partidului său. America era în acel moment sfâşiată de polemica înverşunată privind instituţia sclaviei. Cine vor ieşi victorioşi – stăpânii de sclavi sau aboliţioniştii? Poate o ţară, jumătate sclavă, jumătate liberă, să supravieţuiască?

În cuvântarea de acceptare, Abraham Lincoln a făcut o declaraţie profetică. Citându-L pe Isus, el a subliniat: „O casă dezbinată împotriva ei înseşi nu poate rezista." Cu alte cuvinte, chestiunea nu putea fi eludată: America trebuia să aleagă ori una, ori cealaltă.

Cuvântarea lui Lincoln a devenit cunoscută datorită ziarelor de pe Coasta de Est şi, în ciuda faptului că a pierdut alegerile din noiembrie, el a început să aibă influenţă asupra dezbaterilor mai înverşunate din întreaga ţară. Aşa se explică de ce doi ani mai târziu a fost catapultat direct în funcţia de preşedinte. Prezicerea sa a fost adeverită de sângerosul Război Civil. Au murit mai mulţi oameni în acel conflict decât în toate celelalte războaie ale naţiunii puse împreună. Lincoln a devenit unul dintre cei mai curajoşi eroi naţionali ai Americii.

O inimă și un gând

Acest principiu al unității şi importanța lui extremă au fost transmise Bisericii primare prin persoana şi lucrarea Duhului lui Dumnezeu. Exista ceva mai mult decât propovăduire şi evanghelizare pline de putere, căci Duhul Sfânt realizase ceva minunat, aşa cum este descris în Fapte 4:32: „Mulțimea celor ce crezuseră era o inimă şi un suflet [gând]". Această unitate nu se datora apostolilor, care din când în când avuseseră propriile lor răbufneli de lipsă de unitate şi disensiune pe când Îl urmau pe Isus din Nazaret. Ci era concepută din Dumnezeu, construită din dragoste şi născută din Duhul.

Lipsa de unitate şi diviziunea care domnesc în ziua de azi împiedică lucrarea lui Dumnezeu. Drept rezultat, milioane de necredincioşi îşi fac o imagine distorsionată despre Trupul lui Cristos.

Este trist, dar adevărat că adesea căsătoriile creştinilor sfârşesc în dezbinare, cu o rată a divorțurilor care nu e cu nimic mai bună decât cea a societății americane în ansamblu. Comitetele bisericilor se luptă cu pastorii lor. Membrii din comitet sunt în competiție şi invidioşi unul pe celălalt. Corurile sunt ciuruite de bârfă şi neînțelegeri.

Un lucrător care slujea în domeniul muzical dintr-o biserică mi-a spus că el nu mai schimbase un cuvânt cu pastorul principal în ultimele patru luni din cauza tensiunii dintre ei. Dar atâta timp cât avea pregătite două cântări pentru fiecare program de duminică, totul era bine.

„Cred că aveți nişte programe extraordinare", am spus eu clătinând din cap. Cum poate Dumnezeu să dea binecuvântare într-o astfel de atmosferă?

La ce sunt bune chiar darurile Duhului Sfânt dacă oamenii continuă să se hărțuiască unul pe celălalt, este întrebarea crucială care ne stă înainte? Care e avantajul unei predici grozave dacă ascultătorii îşi dau peste nas unul altuia la ieşirea din biserică?

Isus a spus că unitatea este extrem de importantă şi ar trebui să-I ascultăm din nou cuvintele cu mare luare aminte: „Vă dau o *poruncă* nouă: Să vă iubiţi unii pe alţii; cum v-am iubit Eu *aşa să vă* iubiţi unii pe alţii" (Ioan 13:34). Omeneşte vorbind este imposibil, bineînţeles; porunca aceasta ne trimite la puterea Duhului Sfânt, căci cum altfel am putea noi, prin noi înşine, să-i iubim pe ceilalţi creştini aşa cum ne-a iubit Isus?! Niciun pastor nu poate, prin simplă învăţătură, să implementeze dragoste divină în adunare; ea trebuie „turnată în inimile noastre prin Duhul Sfânt, care ne-a fost dat" (Romani 5:5).

Isus a subliniat: „Prin aceasta vor cunoaşte toţi că sunteţi ucenicii Mei, dacă veţi avea dragoste unii pentru alţii" (Ioan 13:35). Aceasta este dovada că aparţinem cu adevărat Lui – şi nu faptul că putem da citate din Biblie sau că suntem calvinişti sau arminieni, baptişti sau nazarineni, prezbiterieni sau penticostali. Proba focului pentru o experienţă creştină reală o reprezintă dragostea pe care o avem unii faţă de ceilalţi. Gândiţi-vă la aceasta!

Dar vai cât de puţin din această manifestare vedem astăzi. Lucrătorii refuză adesea să îi ajute sau chiar să aibă părtăşie cu alţi lucrători din culte diferite. Veştile bune despre o anumită biserică sunt crezute numai pe jumătate sau chiar primite cu scepticism de alţi creştini. Pe de cealaltă parte, veştile rele, de exemplu un scandal, sunt primite cu un zâmbet afectat care zice: „Ştiam eu că ceva nu-i tocmai în regulă cu acei oameni..."

Uneori am încercat sincer să *învăţăm* despre dragoste în Trupul lui Cristos – dar cum să predai despre ceva ce este însăşi esenţa lui Dumnezeu? Nu putem să ne adâncim în dragoste decât în măsura în care ne adâncim în cunoaşterea Domnului. În cuvintele simple din 1 Ioan 4:16, „Dumnezeu *este* dragoste."

Isus S-a rugat pentru ca ai Lui să devină una, aşa cum şi El era una cu Tatăl. Dar uitaţi-vă în jurul vostru la toată fragmentarea noastră. Vorbim despre biserici „evanghelice", biserici „carismatice", biserici „baptiste", biserici „luterane". Problema e că Dumnezeu nu recunoaşte niciuna dintre aceste etichete artificiale. Nu El a fost Cel care le-a inventat şi El nu le foloseşte nici în ziua de azi. Folosind cuvintele din Efeseni 4:4–6, nu există decât „un singur trup, un singur Duh... un singur Domn, o singură credinţă, un singur botez. Este un singur Dumnezeu şi Tată al tuturor." Observaţie: Dumnezeu are doar *un singur* trup, *o singură* familie, compusă din toţi creştinii. În ceea ce-L priveşte, subgrupările nu există.

Am o puternică bănuială că Dumnezeu nu îi apreciază pe cei care Îi fragmentează familia. Eu şi Carol avem trei copii şi cinci nepoţi, iar dacă cineva ar încerca să bage un fitil între noi sau ar încerca să ne învrăjbească în vreun fel, ne-am supăra imediat. Acelaşi adevăr e valabil şi în cazul familiei spirituale. Este o ofensă foarte gravă, de aceea a scris Pavel: „Vă îndemn, fraţilor, să vă feriţi de cei ce fac dezbinări şi tulburare împotriva învăţăturii pe care aţi primit-o. Depărtaţi-vă de ei. Căci astfel de oameni nu slujesc lui Hristos, Domnul nostru, ci pântecelui lor" (Romani 16:17–18).

Am o puternică bănuială că Dumnezeu nu îi apreciază pe cei care Îi fragmentează familia.

Când aţi văzut ultima oară, dacă aţi văzut vreodată, un membru al bisericii pus sub disciplină pentru că a cauzat dezbinare printre credincioşi? Dacă cel ce spune că e al lui Cristos ar fi prins cochetând cu vrăjitoria sau practicând adulterul, noi toţi am striga ca biserica să facă ceva. Dar dezbinătorii şi cei care bârfesc continuă să vină liniştiţi la bisericile noastre, ba chiar uneori ocupă funcţii de conducere. Nu ne ridicăm niciodată împotriva păcatului lor murdar şi care aduce distrugere pentru că suntem atât de obişnuiţi cu el.

Pavel, apostolul, le-a spus corintienilor – care printre altele se preocupau de darurile spirituale – că dezbinările lor erau un semn al firii pământeşti şi imaturităţii. Aceasta ne arată că fenomenele senzaţionale nu sunt, în mod automat, dovada maturităţii spirituale. Numai dragostea ne oferă astfel de dovezi. Cel mai bun creştin din biserica mea sau a voastră este persoana cea mai plină de dragostea lui Dumnezeu.

Dezbinaţi, ne prăbuşim

Pasajul biblic care l-a inspirat pe Abraham Lincoln spune următoarele:

> Şi cărturarii, care se coborâseră din Ierusalim, ziceau: „Este stăpânit de Beelzebul; scoate dracii cu ajutorul domnului dracilor."
>
> Isus i-a chemat la El şi le-a zis, în pilde: „Cum poate Satana să scoată afară pe Satana? Dacă o împărăţie este dezbinată împotriva ei înseşi, împărăţia aceea nu poate dăinui. Şi dacă o casă este dezbinată împotriva ei înseşi, casa aceea nu poate dăinui. Tot astfel, dacă Satana se răscoală împotriva lui însuşi, este dezbinat şi nu poate dăinui, ci s-a isprăvit cu el." (Marcu 3:22–26)

Bineînţeles că Satana este prea isteţ ca să-şi lase trupele să se întoarcă una împotriva celeilalte. Ele îşi păstrează rândurile şi au întotdeauna în minte scopul principal. Nu este trist că, prin contrast, noi, Biserica nu suntem aşa de înţelepţi?

Ceea ce sugerau învăţătorii legii – şi anume că Isus biruia puterile întunericului printr-un fel de alianţă secretă cu ele – nu era numai ilogic, ci şi o mare insultă la adresa Fiului lui Dumnezeu. Isus ar fi putut foarte bine răspunde: „Iertaţi-mă, dar voi ştiţi cine sunt Eu? Sunteţi conştienţi că am fost trimis aici de către Tatăl Meu, Dumnezeul universului, cu o misiune divină? Când am ajuns în ieslea din Betleem abia părăsisem străzile de aur. Adevărata Mea casă este departe de sediul lui Satana, aşa cum vă puteţi imagina."

Isus nu a spus nimic din toate acestea. El a trecut peste justificarea personală pentru a scoate în evidenţă un principiu spiritual: *Orice împărăţie – chiar şi cea a lui Satana – dezbinată împotriva ei înseşi e terminată.* Dacă dracii ar avea război civil şi disensiuni în rândurile lor, sfârşitul lor ar veni de la sine. Dar se pare că era destul de clar pe vremea lui Isus că Satana era la lucru. Şi în acest moment, două mii de ani mai târziu, el lucrează încă şi îi merge destul de bine.

În tot acest timp, nenumărate biserici de-ale noastre s-au dezbinat împotriva lor înseşi, continuând să creadă că Dumnezeu le va binecuvânta cumva. Ele nu înţeleg că dezbinarea Îl întristează foarte uşor pe Duhul Sfânt şi subminează orice lucrare a harului. S-ar putea ca pastorul să predice o doctrină corectă, direct din Biblie. S-ar putea ca el să fie un om al rugăciunii. Dar atâta timp cât dezbinarea, rivalitatea, calomnia şi lupta nu sunt învinse, eforturile lui sunt în zadar. Dezbinarea produce un efect de roată de ocnă: investim energie pentru a înainta, însă, în final, nu ajungem nicăieri. Prin rugăciunile şi predicile noastre îl implorăm pe Duhul „să vină", dar în acelaşi timp, prin bârfă, calomnie şi dezbinare noi ţipăm la El „să plece". Această stare poate dura zeci de ani, adunarea plutind pe apă fără scop şi viaţă.

Se pare că peste tot pe unde călătoresc aud noi poveşti de război despre comitete dezbinate, despre fracţiuni în interiorul adunărilor şi despre membri care se împiedică de lucruri de nimic. Duhul lui Dumnezeu nu poate niciodată da binecuvântare într-o astfel de atmosferă, de vreme ce El este un Duh al păcii.

Frank Bartleman, scriitor creştin din prima parte a secolului XX, a scris: „Doctorul se uită mai întâi de toate la limbă. Vorbeşti urât? Aceasta denotă o inimă rea. Toate mişcările radicale pentru Dumnezeu au căzut în final la testul dragostei."

Niciun comitet de pastori dezbinat nu va experimenta ceea ce are Dumnezeu mai bun pentru lucrarea lui. De aceea îi sfătuiesc adesea pe pastorii principali să-şi angajeze asistenţi după duh în primul rând şi apoi după talent. Cei mai dăruiţi muzicieni sau lideri de tineret din această ţară nu vor reuşi să aducă binecuvântare într-o biserică dacă sunt certăreţi, bârfesc sau fac aluzii răutăcioase. La ce e bună o secretară desăvârşită dacă aduce dezbinare în rândul angajaţilor?

Amintiţi-vă, noi suntem Biserica lui *Cristos* şi nu Apple Computer sau AT&T. În Biserică, principiile spirituale sunt de primă însemnătate. Am văzut mulţi oameni „ascuţiţi" la minte care se dovedesc a fi atât de ascuţiţi, încât taie şi rănesc tot felul de oameni, şi este adesea greu să opreşti sângerarea.

Coruri disonante

Niciun cor dezbinat împotriva lui însuşi nu poate rezista. Un cor trebuie să aibă ungerea Duhului lui Dumnezeu, căci Dumnezeu nu binecuvântează partituri; Dumnezeu binecuvântează şi foloseşte fiinţe umane. Dacă un solist are o voce nemaipomenită, însă trăieşte o viaţă dublă, păcătoasă, există slabe speranţe ca Dumnezeu să înzestreze cântarea acelei persoane cu putere, chiar dacă versurile sunt corecte şi vocea magnifică. Solistul Îl întristează pe Duhul Sfânt. La fel se întâmplă şi când bârfa şi gelozia se infiltrează în viaţa unui cor. Vasele umane pot contamina şi dilua mesajul pur al adevărului lui Dumnezeu.

Când soţia mea participă la conferinţe pe teme muzicale şi este întrebată: „Carol, care crezi tu că este secretul pentru ca muzica să fie o lucrare, şi nu un spectacol?", ea răspunde: „Secretul nu e ca tenorii să-şi cânte bine notele, orchestraţia să fie bine realizată sau microfoanele să fie corect amplasate. Întrebarea de bază înaintea lui Dumnezeu este *cine cântă.* El nu-i poate binecuvânta decât pe acei care *se armonizează* (ca să folosesc un termen muzical) cu El şi unii cu alţii.

De aceea noi începem fiecare repetiție cu un timp de rugăciune. Facem tot posibilul să-L căutăm pe Domnul şi binecuvântarea Lui. Capacitatea corului de a sluji nu va putea niciodată întrece tonul lor spiritual."

Cocaina, alcoolul şi tentațiile sexuale au bătut miile lor, dar bârfa, cearta şi critica din biserică zecile lor de mii. Nici nu e de mirare că rata atacurilor de cord în rândul lucrătorilor ordinați e foarte ridicată. Pot să vă asigur că surmenajul lor nu vine din pregătirea predicilor, ci din confruntarea cu firea pământească, tensiunea, dezbinarea şi politica din biserică.

Cocaina, alcoolul și tentațiile sexuale au bătut miile lor, dar bârfa, cearta și critica din biserică zecile lor de mii. ✳

Să ne rugăm ca Dumnezeu să ridice mai multe voci, călăuzite de Duhul care să pună pe tapet această problemă. Unul dintre Părinții Apostolici, Ignatius al Antiohiei, a scris despre o confruntare care a avut loc la 70–80 de ani după Cristos:

> Când am vizitat biserica voastră din Filadelfia (un oraş la 160 de km de Efes) exista o partidă care submina autoritatea conducerii bisericii şi punea sub semnul întrebării deciziile lor. *Dumnezeu îmi este martor că nu știam nimic despre acest lucru.* Nimeni nu-mi spusese de ea şi niciun zvon nu ajunsese la urechile mele.
>
> Aşa că, atunci când m-am ridicat să prorocesc şi am strigat cu glas tare: „Dați mai mult respect episcopului, bătrânilor şi diaconilor voştri!" cel care vorbea era Duhul Sfânt din mine. Deşi ştiu că unii din voi credeți că am fost informat dinainte despre dezbinarea din Filadelfia şi că am vorbit în cunoştință de cauză, adevărul absolut este că a fost vocea lui Dumnezeu şi numai a Lui.
>
> Deci amintiți-vă de celelalte lucruri despre care v-am spus şi împliniți-le: „Păstrați-vă trupurile ca temple ale lui Dumnezeu. Iubiți unitatea. Alungați dezbinările."[1]

Nu numai Biserica creştină este în pericol din cauza disensiunilor, ci şi familia creştină. Nici un soţ şi o soţie dezbinaţi unul împotriva altuia nu pot rezista. Conducătorii din două culte diferite mi-au mărturisit recent că rata divorţurilor din rândul *lucrătorilor* a atins nivelul cel mai înalt de până acum. De cele mai multe ori problema începe cu un zid despărţitor, neiertare, resentiment şi amărăciune. Şi sfârşeşte aducând ruşine, revoltă şi durere atât copiilor, cât şi bisericilor.

Ascultaţi ce spune rugăciunea lui David din Psalmul 86:11: „Dă-mi o inimă neîmpărţită, ca să mă tem de Numele Tău." David ştia că nicio persoană dezbinată în ea însăşi nu poate rezista spiritual. Ştim din scandalurile din ultimii ani că unii dintre cei care au predicat Evanghelia – care ştiau ce e bine şi totuşi şi-au împărţit inima şi au dat frâu liber cărnii – au ajuns în situaţii groaznice. Totul a început cu o inimă împărţită care i-a făcut loc lui Satana să-şi împlinească planurile diabolice.

Dincolo de culoarea pielii

Avem nevoie de biserici care să se adune la rugăciune cu aceeaşi dorinţă pe care Pavel şi-a exprimat-o în Romani 15:5–6: „Dumnezeul răbdării şi al mângâierii *să vă facă să aveţi aceleaşi simţăminte unii faţă de alţii,* după pilda lui Hristos Isus; pentru ca *toţi împreună, cu o inimă şi o gură,* să slăviţi pe Dumnezeu, Tatăl Domnului nostru Isus Hristos." Trebuie să strigăm către Duhul Sfânt să vină printre noi.

Dr. Martin Luther King Jr. a fost cel care a spus în anii 1960: „Ora unsprezece duminica dimineaţă este cea mai segregată oră din săptămână." Iată-ne patruzeci de ani mai târziu şi acest adevăr este încă valabil. Peste tot în America oamenii se droghează în grupuri interrasiale, lucrează în grupuri interrasiale, fac închisoare împreună, aplaudă împreună echipele lor favorite, se intersectează în parcuri, se amestecă în autobuze, dar când vine duminica dimineaţa toţi se despart. Albii sunt aici, negrii sunt dincolo, hispanicii şi asiaticii sunt prin alte părți în timp ce cântam toți împreună „Dragostea să ne înalțe". Există o discordanță gravă aici.

Până când ușile bisericii nu sunt deschise cu dragoste pentru fiecare, indiferent de culoare sau etnie, nu sunt cu adevărat deschise Duhului Sfânt.

Credincioşii de pe tot teritoriul Statelor Unite îşi justifică adesea rasismul şi prejudecata, însă nu e decât o acoperire, până şi necreştinii văd acest lucru. Mă întreb câți dintre oamenii aparținând minorităților au fost îndepărtați de Isus şi de dragostea lui Dumnezeu, pentru că nu au simțit niciodată dragoste de la creştinii pe care îi cunosc. Aproape oricine cunoaşte că următorul clişeu: „bisericile omogene" cresc mai repede este doar un cod de limbaj pentru prejudecata rasială. Şi nici nu se întâlneşte în Biblie. Țelul Scripturii nu sunt bisericile care cresc repede, ci adunările plăcute lui Dumnezeu. Am putea foarte uşor să creştem în număr făcând apel la simțuri, dar aceasta nu face decât să scârbească inima lui Dumnezeu. Până când uşile bisericii nu sunt deschise cu dragoste pentru fiecare, indiferent de culoare sau etnie nu sunt cu adevărat deschise Duhului Sfânt.

Am uitat că noi slujim Dumnezeului care i-a adus pe evrei şi pe neamuri împreună în cartea Faptele apostolilor. Aceste grupuri nutreau o ură atât de puternică unul împotriva celuilalt, încât problemele noastre rasiale de astăzi sunt în comparație uşoare. Cu toate acestea nu exista o biserică pentru evrei şi o biserică diferită pentru neamuri. Dumnezeu a înlăturat aceste ziduri prin unitatea Duhului.

Într-o biserică pe care am vizitat-o, prezbiterul mi-a spus, spre oroarea mea, că au stigmatizat un anumit adult la şcoala duminicală doar pentru că făcea parte dintre minorități! Şi ne mai mirăm de ce lumea nu crede mesajul nostru? Am experimentat de asemenea pe pielea mea, în New York City, că bisericile minoritare au adesea prejudecăţi şi resentimente împotriva albilor, care sunt la fel de urâte. Mă tem că peisajul este poluat cu „biserici culturale" – de albi, de negri etc. – dar sunt puţine adunările spirituale precum cele pe care le găsim în Cuvântul lui Dumnezeu.

Bisericile care vor să cunoască plinătatea puterii şi binecuvântării lui Dumnezeu, o recoltă repetată de suflete, bună ucenicie şi întâlniri puternice de rugăciune trebuie să-şi rezolve dezbinarea din mijlocul lor. Trebuie *„să căutaţi* să păstraţi unirea Duhului prin legătura păcii" (Efeseni 4:3). Într-adevăr, Duhul înseamnă putere, dar şi unitate şi dragoste. El insistă ca noi să ne pocăim de rasism şi orice fel de dezbinare.

Ken Landis conduce două ore şi jumătate pentru a ajunge la repetiţia de cor de vinerea seara la biserica noastră. După ce-şi termină pe la amiază lucrul de tâmplar în micul oraş din estul Pennsylvaniei, numit Perkasie, el traversează întregul oraş New Jersey pe o distanţă de 167 km, plăteşte şapte dolari taxă de pod sau tunel – toate acestea pentru privilegiul de a cânta cu oameni care majoritatea nici nu sunt de aceeaşi culoare ca el. El ajunge acasă abia sâmbăta dimineaţă la ora unu.

Într-adevăr, Duhul înseamnă putere, dar și unitate și dragoste. El insistă ca noi să ne pocăim de rasism și orice fel de dezbinare.

De ce ar face acest liniştit „băiat de ţară", în vârstă de 53 de ani, aşa cum se descrie el, un lucru atât de extravagant? De ce ar face acelaşi drum încă o dată duminica pentru serviciile bisericii?

Nu are nicio logică până nu auzi povestea lui Ken. El a trăit o viaţă previzibilă mai bine de douăzeci de ani, într-un orăşel, lucrând cu mâinile lui să-şi întreţină soţia şi cei cinci copii, mergând la biserică şi fiind un creştin mediocru. Abia când căsătoria lui s-a destrămat şi soţia lui s-a mutat cu un bărbat pe care-l cunoscuse la un spectacol country, a fost zdruncinat din temelii.

Cu un an înainte, el ascultase casetele corului nostru în timp ce lucra sau conducea, şi acum, în durerea lui, s-a hotărât într-o zi de decembrie să călătorească până în Brooklyn pentru a veni la biserica noastră. Pentru că nu cunoştea oraşul deloc a trebuit să ceară informaţii. După ce a ajuns, a găsit un loc de parcare pe stradă şi a intrat în clădire, nu a putut să nu observe că feţele albe ca a lui erau în minoritate.

„Dar Dumnezeu mă atrăgea spre acel loc. Puteam simţi că Domnul era acolo.

Întotdeauna am fost mândru că sunt alb, dispreţuiam celelalte rase. Iată-mă acum aici, stând pe aceeaşi bancă cu tot soiul de oameni care erau atât de îndrăgostiţi de Dumnezeu, încât s-au apropiat şi de mine. Au fost prietenoşi cu mine şi mi-au arătat că le pasă.

Oriunde mă întorceam mi se părea că cineva se ruga pentru mine. În biserica de acasă, oamenii mi-au spus politicos: «Ne vom ruga pentru tine, Ken», mi-au strâns mâna – şi apoi s-au îndreptat spre ieşire. Aici, nişte străini chiar făceau acest lucru. Prin toate acestea Dumnezeu îmi arăta că mă iubeşte şi mă atrăgea la Sine.

M-a făcut să însetez după o umblare şi mai apropiată cu Domnul."

Următoarea duminică, Ken Landis a făcut acelaşi drum lung pentru a uita de durerea singurătăţii. Cântecele corului au continuat să-l zidească în perioadele de deznădejde când nu mai voia să trăiască. Într-o joi seara s-a trezit rătăcind prin K-Mart (supermarket, n.tr.) căutând o bucată de ţeavă pe care să o lege la ţeava de eşapament ca să se poată sinucide. Până la urmă a ieşit din magazin fără să cumpere nimic. Duminică s-a întors la Brooklyn Tabernacle.

La sfârşitul mesajului din acea zi, îşi aminteşte el, „pastorul Cymbala a spus: «Unii dintre voi, cei prezenţi, aveţi probleme serioase şi, dacă nu le încredinţaţi lui Dumnezeu, ele vă vor distruge.» Ştiam că era vorba de mine. M-am dus în faţă pentru rugăciune. Am simţit pe umăr mâna celui ce se ruga pentru mine. Când m-am întors, era un corist din Haiti. Mai târziu am ajuns să-l cunosc – Bill Strackman. Înainte de-a mă întoarce la banca mea, cu zece rânduri mai în spate, agonia mea începea să se risipească. Pacea lui Dumnezeu mi-a coborât în suflet. El mi-a dat puterea de a-mi ierta soţia, chiar şi pe tipul cu care era ea, aşa că mă puteam ruga pentru ei cu inimă curată."

În ianuarie anul următor când s-au anunţat noi locuri disponibile în cor, o femeie l-a întrebat pe Ken dacă avea de gând să se înscrie. „Mi-ar plăcea, dar e imposibil", a răspuns el.

„Frate", a spus ea îndreptându-şi degetul spre el, „în acest cor nu se cântă numai, ci se şi slujeşte".

Astăzi Ken este unul dintre cei doisprezece lideri aleşi în cor. El cântă la cel puţin două programe în fiecare duminică, ceea ce înseamnă că pleacă de acasă la nouă dimineaţa şi se întoarce la miezul nopţii. El o numeşte „cea mai scurtă zi din săptămâna mea."

„Lucrul care trebuia zdrobit în viaţa mea era propria mea voinţă. Acum trăiesc doar pentru Isus, stând în spărtură pentru copiii mei, nepoţii mei şi chiar pentru soţia mea. Nu am fost niciodată mai fericit de când sunt creştin."

Pentru Ken Landis, un om a cărui viaţă spirituală a fost transformată, Cristos S-a revelat printr-o dragoste care nu ţine seama de culoare şi care vine numai de la Duhul lui Dumnezeu.

Am văzut acelaşi lucru întâmplându-se şi invers; oameni de culoare stăpâniţi de amărăciune rasială au fost preschimbaţi de către Duhul lui Cristos. Unii dintre ei au avut iniţial probleme cu ideea unui pastor principal alb şi au spus: „Ce-i asta – să mă umilesc mergând la o biserică păstorită de «stăpân»?" Curând însă reflectoarele se mută de pe culoarea pielii pe Dumnezeul tuturor îndurărilor, care ne aduce pe toţi împreună la picioarele Sale. Eu sunt alb numai pe din afară, aşa cum alţii sunt negri sau măslinii. În interior, toţi suntem la fel, cu nevoi pe care numai Isus le poate împlini.

Daţi-mi voie să repet: dacă uşile bisericii nu sunt deschise tuturor, ele nu vor fi niciodată larg deschise Duhului Sfânt. Dumnezeu nu este Dumnezeul unei biserici albe sau ale unei biserici de culoare. Nu va fi aşa nici în cer. Dacă pe pământ oamenii nu vor să fie cu cei de altă rasă, de ce le-ar ruina Dumnezeu veşnicia aducându-i în acelaşi loc cu mulţimea „din orice neam, din orice seminţie, din orice norod şi de orice limbă, care stătea în picioare înaintea scaunului de domnie şi înaintea Mielului"? (Apocalipsa 7:9).

Dacă pe pământ oamenii nu vor să fie cu cei de altă rasă, de ce le-ar ruina Dumnezeu veșnicia aducându-i în același loc cu mulțimea „din orice neam, din orice seminție, din orice norod și de orice limbă, care stătea în picioare înaintea scaunului de domnie și înaintea Mielului"?

Da, avem nevoie să fim înveşmântaţi cu putere de sus, dar avem, de asemenea nevoie de un botez proaspăt cu dragostea lui Dumnezeu. Dumnezeu nu va folosi îngeri sau o voce din nori pentru a-Şi răspândi mesajul. El a ales să ne lase să fim mâna Lui întinsă. Inima Lui însă este una de îndurare infinită pentru toată omenirea, căci „Dumnezeu nu este părtinitor" (Fapte 10:34). Numai prin Duhul Sfânt putem să îi vedem pe oameni aşa cum îi vede El şi să le simţim durerea aşa cum o simte El.

Doamne, ajută-ne să ne iubim unii pe alţii.

Capitolul 7

Necalificat?

Dacă eşti un patron şi cauţi personal pentru firma ta, îl vei studia bineînţeles cu foarte mare grijă pe fiecare candidat în parte. Chiar de la primul interviu le cântăreşti pe cât de bine poţi capacitatea. Încerci să-ţi dai seama de nivelul lor de inteligenţă precum şi de experienţa pe care o au pentru genul tău de muncă. Examinezi minuţios CV-ul lor; poate le dai şi anumite teste. În tot acest timp te întrebi: *Poate această persoană să ducă la bun sfârşit lucrul pe care i-l încredinţez?*

În cartea Faptele apostolilor vedem un număr de oameni care sunt aleşi de către Domnul în funcţii de mare răspundere – şi noi ne întrebăm imediat: *Sunt aceşti bărbaţi cu adevărat calificaţi?* Cu siguranţă nu s-au apropiat de lucrare cu aceeaşi pregătire pe care o cerem noi astăzi. Unii dintre apostoli nu erau decât pescari. Omeneşte vorbind, nimeni nu i-ar fi ales, când Palestina era plină de candidaţi cu mult mai promiţători.

Prin puterea Duhului Sfânt, Dumnezeu i-a echipat într-un mod supranatural, surprinzându-i pe toţi. Întrebarea care se punea în legătură cu ei (aceeaşi ca în legătură cu Învăţătorul lor) era: „De unde au aceşti oameni simpli autoritate şi putere?" Ieşeau din tipare. Acţiunile lor erau inexplicabile minţii omeneşti.

Diaconii de atunci împotriva diaconilor de acum

Când ajungem în Fapte capitolul 6, descoperim şi mai multe selecţii pentru lucrare. De această dată e pentru a rezolva o dispută ce s-a stârnit între două grupuri etnice din biserică. Acțiunea bisericii de distribuire a alimentelor pentru văduve – adică pentru cele care nu aveau nicio posibilitate de a-şi câştiga existența – a fost pusă în pericol de acuzațiile că o grupare era mai favorizată decât cealaltă.

Mă bucur că această relatare se află în Faptele apostolilor, pentru că ea ne dovedeşte că nu totul mergea minunat în Biserica primară. Această adunare creştea în salturi, era multiculturală şi desfăşura o lucrare practică de ajutorare a celor în nevoie. Şi totuşi, existau iritări care au ieşit la suprafață.

În consecință, apostolii s-au hotărât să formeze o echipă de şapte bărbați care să se ocupe în mod special de această lucrare. Ei au devenit primii *diaconi*, cuvânt care provine de la termenul grecesc pentru „slujitori". (Dacă ai crezut că a fi diacon înseamnă că ajungi să faci parte dintr-un comitet prestigios din biserică, adevărul este tocmai opusul. La origini, însemna să-ți sufleci mânecile şi să slujeşti tuturor celor din jurul tău.)

Aruncați o privire mai atentă asupra specificațiilor pentru acest post. Principala cerință pe care apostolii au avut-o a fost ca diaconii să fie „plini de Duhul Sfânt şi înțelepciune" (v. 3). Nu se spune nimic despre diplomă universitară. Nu se menționează că s-ar fi căutat oameni care aveau o mulțime de bani sau legături de afaceri, genul de oameni pe care multe biserici de astăzi le-ar plăcea să-l aibă în comitetele lor de diaconi.

Un prieten de-al meu, pastor, a ajuns la o biserică foarte renumită dintr-un stat şi mi-a spus: „Sunt şocat de diaconii pe care i-am moştenit aici. Abia dacă îşi fac apariția duminicile! Nu există nicio fibră spirituală pe care să o pot vedea. Se pare că au fost aleşi pentru că aveau bani şi a le face un loc în comitet era modalitatea de a-i păstra în biserică, în loc să-i laşi să plece în altă parte."

Prin contrast, apostolii ştiau că nu vor fi echipați să slujească eficient în biserică, organism spiritual care necesită înzestrare spirituală, decât cei care erau plini de Duh şi înţelepciune. Diplomele şi relaţiile pot fi nemaipomenite în lumea afacerilor, însă lupta bisericilor este „împotriva căpeteniilor, împotriva domniilor, împotriva stăpânitorilor întunericului acestui veac, împotriva duhurilor răutăţii care sunt în locurile cereşti" (Efeseni 6:12). Ce tragedie atunci când mentalitatea de pe Wall Street invadează Biserica lui Isus Cristos!

Ce înseamnă „umplere"?

Cerinţa apostolilor ca diaconii să fie „cunoscuţi ca fiind plini de Duhul Sfânt" (NIV, n.ed.) ridică o problemă interesantă. Nu sunt toţi creştinii umpluţi cu Duhul Sfânt? Nu am fost noi învăţaţi că fiecare credincios poate pretinde acest lucru? Se pare că nu, altfel apostolii nu ar fi făcut din el un criteriu de selecţie.

Diplomele şi relaţiile pot fi nemaipomenite în lumea afacerilor, însă lupta bisericilor este „împotriva căpeteniilor, împotriva domniilor, împotriva stăpânitorilor întunericului acestui veac". ✳

Cu alte cuvinte, cei care *nu* sunt cunoscuţi ca fiind plini de Duhul Sfânt nu ar trebui să fie aleşi. Nu contrazic prin aceasta Romani 8:9 care ne învaţă limpede că „dacă n-are cineva Duhul lui Hristos nu este al Lui." Duhul Sfânt devine *rezident* în fiecare credincios când acesta este născut din nou spre mântuire. Dar în acelaşi timp, Noul Testament ne arată în repetate rânduri – inclusiv prin pasajul din Fapte 6 – că a fi *plin* de Duhul este ceva distinct şi perceptibil. Era ceva ce putea să fie „cunoscut" (v. 3) printre membrii din biserica de la Ierusalim. Duhul Sfânt, se pare, a avut un astfel de control asupra unor vieţi, încât a creat o reputaţie; aceşti oameni erau recunoscuţi ca trăind vieţi victorioase şi binecuvântându-i pe alții prin puterea Duhului. Numai o astfel de persoană putea sluji ca diacon.

Ideea că toți credincioşii şi toate bisericile creştine sunt pline de Duh contrazice atât Scriptura, cât şi faptele evidente din jurul nostru. De ce i-ar mai fi îndemnat Pavel pe creştini „să continue să fie umpluți cu Duhul" (Efeseni 5:18, traducere literală, n.ed.), dacă noi am fi fost umpluți o dată pentru totdeauna?

Biserica din Laodiceea era, fără îndoială, o adunare creştină în momentul în care Isus i-a trimis un mesaj (Apocalipsa 3:14–22). Dar starea spirituală a credincioşilor era atât de căldicică, încât Cristos era gata să îi scuipe din gură! A susține că ei erau plini de Duhul ar fi o contrazicere crasă a realității şi ar anula cuvintele Bibliei. „Plin de Duh" şi „căldicel" nu pot niciodată fi puse împreună.

Ce să spunem despre bisericile noastre astăzi, unde mulți dintre membri abia dacă îşi fac apariția la un program de o oră (şi acela trebuie să fie de divertisment)? Pot fi ele biserici pline de Duh? Dar despre bisericile care sunt atât de preocupate de culoarea pielii celor care le frecventează, încât îşi fac bagajele şi se mută atunci când apar schimbări în cartier?

Aşa cum D.L Moody a predicat la New York Hippodrome (astăzi Madison Square Garden) în 1876:

> Dumnezeu are un număr bun de copii care abia dacă au viață în ei, nicidecum putere pentru slujire... Venirea Duhului Sfânt asupra lor cu putere este distinctă şi separată de convertire. Dacă Scriptura nu transmite [această afirmație] eu sunt gata să mă corectez... Cred că am fi în stare să realizăm mult mai multe într-o săptămână decât am realizat în câțiva ani, dacă am avea acest botez proaspăt...
>
> Foarte mulți cred că dacă au fost umpluți o dată, vor fi plini tot timpul de atunci încolo; o, prietenii mei, dar noi suntem vase care au scurgeri şi care trebuie să fie ținute mereu chiar la izvor pentru a putea fi păstrate pline... Să ne ținem aproape de El.[1]

Aceasta este problema despre care se predică cel mai puțin şi totuşi ea este *problema cea mai critică cu care se confruntă Biserica astăzi.* Termenul *plin de Duh* a căzut în disgrație de la Moody încoace, în multe cercuri, din cauza anumitor grupări care cu aroganță şi condescendență au *abuzat* de el. Este adesea identificat cu sentimentalismul şi trucurile de la amvon care stârnesc mulțimea. Există o cultură carismatică sau penticostală, care, deşi adesea zgomotoasă, nu este aceeaşi cu puterea de la Rusalii, ba chiar e total previzibilă.

Alții susțin că pentru a primi „ungerea" trebuie să mergi la bisericile *lor,* acolo unde curge „Fluviul". Vei şti că eşti „în unda lui" numai dacă te alături manifestărilor lor adesea bizare şi nebiblice.

Nu vedem nicăieri în cartea Faptele apostolilor ca vreuna dintre binecuvântările lui Dumnezeu să fie limitată la o zonă geografică. Când Petru l-a vizitat pe Corneliu în casa lui plină din Cezareea, el nu a spus: „Trebuie să vii cu noi în camera de sus, acolo este cu adevărat prezent Duhul Sfânt! Am avut un vânt puternic acolo şi pe capul fiecăruia dintre noi au fost limbi de foc! Ierusalimul este locul unde se revarsă focul."

Primii creştini nu mergeau dintr-un loc într-altul pentru a „primi binecuvântarea", ei ştiau că Duhul Sfânt este la dispoziția oricărui credincios, oriunde. Nu există nimic de genul „ungerea de la Brooklyn Tabernacle" sau ceva similar legat de o anumită biserică. Astfel de pretenții sunt mai mult egocentriste decât biblice. Slavă Domnului că Duhul Sfânt este la îndemâna ta oriunde te-ai afla.

Nu vedem nicăieri în cartea Faptele apostolilor ca vreuna dintre binecuvântările lui Dumnezeu să fie limitată la o zonă geografică. ... Primii creştini nu mergeau dintr-un loc într-altul pentru a „primi binecuvântarea".

Trecând peste excesele, falsurile şi expresiile pur culturale, noi trebuie să răspundem la întrebarea: „Ce *înseamnă* pentru creştini a fi plin de Duhul Sfânt?" Dacă încercăm să ne trăim vieţile sau să ne conducem bisericile după alte principii, atunci mai bine să aruncăm Bibliile pe fereastră. Cuvântul lui Dumnezeu ne îndeamnă: „*Întăriţi-vă* în Domnul şi în puterea tăriei *Lui*" (Efeseni 6:10). Aceasta înseamnă că se poate să ratezi şi să fii slab, nepunându-te la dispoziţia capacităţii Duhului.

Surpriză

Deci, aceşti şapte bărbaţi au fost puşi deoparte, prin rugăciune şi punerea mâinilor, pentru ca să conducă programul de distribuire al alimentelor. Între timp, apostolii şi-au îndreptat din nou toată atenţia lor asupra rugăciunii şi propovăduirii Cuvântului. Rezultatul a fost o creştere explozivă, potrivit cu versetul 6: „Cuvântul lui Dumnezeu se răspândea tot mai mult, numărul ucenicilor se înmulţea mult în Ierusalim şi o mare mulţime de preoţi veneau la credinţă."

Dar povestea diaconilor plini de Duh nu s-a încheiat încă. „Ştefan era plin de har şi de putere şi făcea minuni şi semne mari în norod" (v. 8). Ştefan nu fusese ordinat, nu urmase cursurile niciunui seminar. El nu era decât un diacon credincios. Şi parcă din senin a devenit un emisar nemaipomenit al slujirii creştine. Cum s-a întâmplat? El nu era apostol; era „doar" un slujitor.

Aceasta a deschis o lume în totalitate nouă Bisericii. Până atunci, primii credincioşi au presupus că Dumnezeu îi folosea numai pe cei doisprezece apostoli. Acum ei au văzut că Dumnezeu nu ţine cont de titlu. Ştefan era atât de „plin de har şi de putere" (v. 8) încât nu mai putea fi ţinut în frâu. Dacă acest lucru s-ar fi întâmplat în Brooklyn, unii ar fi exclamat: „Hei! Ce-i cu Ştefan?"

Nicăieri în text nu ni se spune că lui Ştefan i s-ar fi dat amvonul duminica dimineaţa. Nu ni se spune nicăieri că s-ar fi alăturat celor doisprezece în şedinţele lor apostolice. Cu toate acestea, plinătatea lui Dumnezeu din viaţa lui se revărsa în pieţe, pe stradă, în casele oamenilor – n-ai fi putut spune niciodată sigur ce se va întâmpla cu diaconul Ştefan.

În acest mod, Dumnezeu împlinea promisiunea din Ioel care fusese citată în Ziua Cincizecimii: „În zilele din urmă, zice Dumnezeu, voi turna din Duhul Meu peste *orice făptură*... chiar şi peste robii Mei şi peste roabele Mele voi turna, în zilele acelea, din Duhul Meu" (Fapte 2:17–18). Nu numai peste cei cu titlul de „reverend". Nu numai peste pastorii ordinaţi. Nu numai peste cei angajaţi de biserică. Această experienţă era pentru oricare dintre copiii lui Dumnezeu.

Pentru Dumnezeu nu contează abilitatea, ci dăruirea. Nimeni nu este „doar uşier" sau „doar îngrijitor de copii".

Nimeni nu ar fi putut anticipa aşa ceva. Sfida orice precedent şi tradiţie. Dintr-odată iată-l pe Ştefan ieşit din banca lui şi făcând valuri pentru Împărăţia lui Dumnezeu.

Biserica de astăzi trebuie să se oprească şi să înţeleagă din nou că Dumnezeu nu Se ia după titlurile sau resursele omeneşti, ci după înzestrarea divină. Aşa cum am remarcat în capitolul 3, pentru Dumnezeu nu contează abilitatea, ci dăruirea. Nimeni nu este „doar uşier" sau „doar îngrijitor de copii". Biblia spune că „la Dumnezeu toate lucrurile sunt cu putinţă" (Matei 19:26), inclusiv cele supranaturale, pe măsură ce noi redescoperim credinţa în puterea Duhului Sfânt.

Pe cale – şi în necazuri mari

Curând s-a ivit şi persecuţia – nu din partea membrilor bisericii, slavă Domnului, ci din partea necredincioşilor. (Ce bine ar fi să putem spune că lucrurile sunt tot aşa astăzi când Dumnezeu foloseşte pe cineva neobişnuit în bisericile noastre.

Cel puţin tovarăşii de credinţă ai lui Ştefan se pare că l-au sprijinit şi l-au încurajat în loc să-l critice pentru lipsa lui de calificare.)

Împotrivitorii iudei au început să discute în contradictoriu cu Ştefan. Ei i-au distorsionat părerile şi au ticluit acuzaţii false. Situaţia a scăpat de sub control. Ei au descoperit că „nu puteau să stea împotriva înţelepciunii şi Duhului cu care vorbea el" (Fapte 6:10). Ştefan primea ajutorul divin chiar atunci când avea nevoie. Nici nu e de mirare că acuzatorii au scos cătuşele şi s-au năpustit asupra lui.

Aţi auzit vreodată pe vreun predicator modern spunând că, dacă ţi-ai rezolvat problemele cu Dumnezeu şi repeţi mereu promisiunile, totul va fi bine şi frumos? Înfrunţi pur şi simplu cu autoritate orice problemă sau împrejurare şi ea se va topi toată ca zăpada.

Trebuie să vă spun că lui Ştefan, „bărbat *plin de credinţă* şi de Duhul Sfânt" (v. 5) i s-a făcut felul. „Au năvălit asupra lui, au pus mâna pe el şi l-au dus în Sobor" (v. 18). Situaţia s-a înrăutăţit pe măsură ce i se aruncau tot mai multe acuzaţii. Oamenii spuneau minciuni despre el şi îl calomniau. Mare parte a capitolului 7 din Fapte este o reproducere a modului în care a decurs procesul.

Putem fi în centrul voii lui Dumnezeu, fiind folosiţi de Dumnezeu într-un mod miraculos – şi în acelaşi timp să avem o mulţime de probleme. Biblia nu are câte un sfârşit „à la Hollywood" pentru fiecare povestire.

A fost Ştefan eliberat la sfârşit? Nu. El a devenit primul martir al credinţei creştine. A avut o moarte îngrozitoare, fiind ucis cu pietre, cu toate acestea el a vorbit cu îndrăzneală despre Cristos până la ultima suflare. Aceasta vrea să ne arate că putem fi în centrul voii lui Dumnezeu, fiind folosiţi de Dumnezeu într-un mod miraculos – şi în acelaşi timp să avem o mulțime de probleme. Biblia nu are câte un sfârşit „à la Hollywood" pentru fiecare povestire. Ea ne arată desluşit că a fi copilul lui Dumnezeu implică ceva mai mult decât o euforie spirituală continuă.

Romani 8:17 spune: „Dacă suntem copii, suntem şi moştenitori: moştenitori ai lui Dumnezeu şi împreună moştenitori cu Hristos, *dacă suferim cu adevărat împreună cu El,* ca să fim şi proslăviţi împreună cu El." Amintiţi-vă că principala întrebare nu este *dacă* vom muri într-o zi, ci *cum* vom muri. Trebuie să rămânem zeloşi pentru Cristos până la capăt, aşa cum a făcut Ştefan.

Unul dintre membrii gloatei răutăcioase din acea zi era un tânăr numit Saul din Tars, un oraş din nordul Asiei Mici. Nu cunoaştem care era părerea lui, alta decât că „se învoise la uciderea lui Ştefan" (Fapte 8:1). Dezlănţuirea lui împotriva creştinilor a mai continuat un timp ... dar a venit ziua când, pe drumul Damascului, Cristos i-a vorbit din ceruri: „Saule, Saule, pentru ce Mă prigoneşti?" (Fapte 9:4). Saul a căzut la pământ într-o atitudine de pocăinţă şi aşa am ajuns să ne bucurăm noi de lucrarea nepreţuită a acestui mare apostol.

Rodul neașteptat

Se poate ca ceva să fi fost semănat în inima lui Saul în acea zi când l-a privit pe Ştefan murind, ceva care a adus rod mai târziu. Drept rezultat, zeci de biserici au fost plantate pe teritoriul Imperiului Roman, mii de oameni au găsit mântuirea în Cristos şi jumătate din Noul Testament a ieşit de sub peniţa lui pentru a ne fi nouă tuturor de folos.

În 1921 un cuplu de misionari numiţi David şi Svea Flood, împreună cu băieţelul lor de doi ani s-au dus din Suedia până în inima Africii, zonă numită atunci Congo Belgiană. S-au întâlnit cu un alt cuplu scandinav, familia Erickson, şi cei patru S-au rugat lui Dumnezeu pentru călăuzire. În acele zile pline de afecţiune, devoţiune şi sacrificiu, ei s-au simţit călăuziţi de Domnul să părăsească principalul sediu misionar şi să ducă Evanghelia într-o zonă îndepărtată.

Acesta era un pas uriaş făcut prin credinţă. În satul N'dolera ei au fost respinşi de către şeful de trib care nu i-a lăsat să intre în zonă de tema că îi vor supăra pe zeii locali. Cele două familii s-au dus pe deal la o depărtare de un kilometru de sat şi şi-au construit propriile lor colibe.

S-au rugat pentru o uşă deschisă Evangheliei, dar nu era niciuna. Singurul contact cu sătenii era un băieţel căruia i s-a permis să le vândă pui şi ouă de două ori pe săptămână. Svea Flood, o femeie micuţă de numai un metru patruzeci şi cinci, s-a gândit că dacă acesta era singurul african căruia îi putea vorbi, ea va încerca să-l conducă pe băieţel la Isus. Şi chiar a reuşit.

Dar nu au mai existat şi alte încurajări. Între timp malaria a continuat să-i doboare pe membrii micului grup unul câte unul. După un timp familia Erickson a decis că au suferit destul şi s-au întors la sediul central al misiunii. David şi Svea Flood au rămas lângă N'dolera să continue singuri.

Apoi, nici mai mult, nici mai puţin, Svea a aflat că e însărcinată în mijlocul acestei sălbăticii primitive. Când a venit vremea să nască, şeful satului a fost îndeajuns de bun încât să-i trimită o moaşă să o ajute. Pe lume a venit o fetiţă pe care ei au numit-o Aina.

Naşterea a fost istovitoare, iar Svea Flood era deja slăbită de accesele de malarie. Travaliul a fost o lovitură puternică pentru rezistenţa ei. Ea a mai trăit numai şaptesprezece zile.

În acel moment ceva s-a frânt în lăuntrul lui David Flood. A săpat un mormânt primitiv şi şi-a îngropat soţia de numai douăzeci şi şapte de ani după care şi-a luat copiii şi a coborât la baza misionară. Încredinţându-şi fiica nou-născută familiei Erickson el a murmurat printre dinţi: „Mă întorc în Suedia. Mi-am pierdut soţia şi vedeţi bine că nu pot să-i port de grijă acestui copil. Dumnezeu mi-a distrus viaţa." Cu aceasta, el s-a îndreptat spre port, respingând nu numai propria lui chemare, ci şi pe Dumnezeu Însuşi.

În decurs de opt luni ambii soţi Erickson au fost loviţi de o maladie misterioasă şi au murit la interval de numai câteva zile unul de altul. Copilul a fost încredinţat atunci unor misionari americani care i-au schimbat numele ei suedez în Aggie şi în cele din urmă au adus-o în Statele Unite când avea trei ani.

Această familie o iubea pe fetiţă şi se temeau că, dacă vor încerca să se întoarcă în Africa, se vor ivi obstacole legale care ar putea să îi despartă de ea. Aşa că s-au hotărât să rămână în ţara lor şi şi-au schimbat lucrarea misionară cu cea pastorală. Şi aşa a crescut Aggie în South Dakota. Ea a urmat cursurile de la North Central Bible College în Minneapolis. Acolo l-a întâlnit pe Dewey Hurst şi s-au căsătorit.

Anii au trecut, familia Hurst se bucura de o lucrare înfloritoare. Aggie a născut mai întâi o fiică, apoi un fiu. Cu timpul, soţul ei a devenit preşedintele unei facultăţi creştine de lângă Seattle şi Aggie a fost surprinsă să descopere acolo o puternică moştenire scandinavă.

Într-o zi a apărut în cutia ei poştală o revistă religioasă suedeză. Nu ştia cine ar fi putut-o trimite şi bineînţeles că nu putea citi cuvintele. Întorcând paginile a văzut o fotografie care a îngheţat-o. Într-un loc primitiv se afla un mormânt cu o cruce albă – şi pe cruce erau scrise două cuvinte: SVEA FLOOD.

Aggie a sărit în maşină şi s-a dus direct la un profesor de la facultate pe care îl ştia că ar putea traduce articolul. „Ce spune?", l-a întrebat ea.

Profesorul i-a spus povestea pe scurt: Era vorba despre misionari care au venit la N'dolera cu mult timp în urmă ... despre naşterea unui copil alb ... moartea tinerei mame ... despre un băieţel african care fusese condus la Cristos ... şi despre cum, după ce au plecat toţi albii, băiatul a crescut şi l-a convins pe şef să-l lase să construiască o şcoală în sat. Articolul spunea că în timp el şi-a câştigaţi toţi studenţii pentru Cristos ... până şi conducătorul a devenit creştin. Astăzi existau 600 de credincioşi creştini numai în acel sat...

Toate acestea datorită sacrificiului lui David şi Svea Flood.

Pentru cea de-a 25-a aniversare a nunţii lor, familia Hurst a primit cadou din partea facultăţii o vacanţă în Suedia. Acolo, Aggie a încercat să-şi găsească tatăl adevărat. Bătrân acum, David Flood se recăsătorise, mai avusese patru copii şi în general îşi irosise viaţa cu alcoolul. Recent suferise un atac de cord. Înverşunat încă, el nu avea decât o singură lege în familia lui: „Să nu rosteşti niciodată numele lui Dumnezeu – pentru că Dumnezeu mi-a luat totul."

După o întâlnire emoţionantă cu sora şi fraţii ei vitregi, Aggie le-a spus că vrea să-l vadă pe tatăl ei. Ceilalţi au ezitat. „Poţi vorbi cu el", i-au răspuns ei, „deşi este foarte bolnav acum. Dar trebuie să ştii că ori de câte ori aude numele lui Dumnezeu, izbucneşte într-o criză de mânie."

Aggie nu putea fi oprită. A intrat în apartamentul mizer, cu sticle de băutură împrăştiate peste tot şi s-a apropiat de bătrânul de 73 de ani ce zăcea într-un pat mototolit.

— Tată? a spus ea cu o voce ezitantă.

El s-a întors şi a început să plângă.

— Aina, i-a spus el. N-am vrut niciodată să te părăsesc.

— Totul este bine, tată, a răspuns ea, strângându-l uşor în braţe. Dumnezeu mi-a purtat de grijă.

Bărbatul a devenit imediat încordat. Lacrimile i s-au oprit.

— Dumnezeu ne-a uitat pe toţi. Vieţile noastre arată aşa din cauza Lui. Şi-a întors din nou faţa spre perete.

Aggie i-a mângâiat obrajii şi apoi a continuat fără teamă.

— Tată, am o istorioară pentru tine şi e una adevărată. Plecarea ta în Africa nu a fost în zadar. Mama nu a murit degeaba. Băieţelul pe care l-aţi adus la Domnul a crescut şi a adus la Domnul întregul sat. Sămânţa pe care voi aţi plantat-o a continuat să crească şi iar să crească. Astăzi sunt 600 de africani care Îl slujesc pe Domnul, pentru că voi aţi fost credincioşi chemării lui Dumnezeu din viaţa voastră... Tată, Isus te iubeşte. El nu te-a urât niciodată.

Bătrânul s-a întors să-şi privească fiica în ochi. Trupul i s-a relaxat. A început să vorbească. Până la sfârşitul acelei după-amiezi el se întoarse la Dumnezeul pe care Îl respinsese atât de multe decenii.

În următoarele câteva zile, tatăl şi fiica au petrecut momente duioase împreună. Nu peste mult timp Aggie şi soţul ei au trebuit să se întoarcă în America – iar David Flood a plecat în veşnicie la numai câteva săptămâni după aceea.

Câţiva ani mai târziu, soţii Hurst participau la o conferinţă de evanghelizare la nivel înalt, din Londra, Anglia, unde au auzit un raport despre Zair (numită cândva Congo Belgiană). Conducătorul bisericii naţionale, care reprezenta peste 110 000 de credincioşi botezaţi, a vorbit cu elocvenţă despre răspândirea Evangheliei în ţara sa. Aggie nu s-a abţinut să nu-l întrebe la sfârşit dacă a auzit vreodată despre David şi Svea Flood.

— Da, doamnă, a răspuns bărbatul în franceză, cuvintele lui fiind traduse apoi în engleză. Svea Flood a fost cea care m-a condus la Cristos. Eu eram băiatul care aducea mâncare părinţilor dumneavoastră, înainte ca dumneavoastră să vă naşteţi. De fapt, mormântul mamei dumneavoastră şi amintirea ei sunt cinstite de către noi toţi până în ziua de azi.

A îmbrăţişat-o plângând, apoi a continuat:

— Trebuie să veniţi în Africa să vedeţi, pentru că mama dumneavoastră este cea mai renumită persoană din istoria noastră.

Exact aceasta au şi făcut Aggie Hurst şi soţul ei. Acolo au fost întâmpinaţi cu aclamaţii de grupuri de săteni. L-a întâlnit până şi pe bărbatul pe care îl angajase tatăl ei cu mulţi ani în urmă să o coboare muntele într-un coşuleţ.

Cel mai dramatic moment, desigur a fost atunci când pastorul a dus-o pe Aggie să vadă crucea albă de pe mormântul mamei ei. Ea a îngenuncheat în țărână să se roage şi să înalțe mulțumiri. Mai târziu în aceeaşi zi, în biserică, pastorul a citit din Ioan 12:24: „Adevărat, adevărat, vă spun că, dacă grăuntele de grâu, care a căzut pe pământ, nu moare, rămâne singur; dar dacă moare, aduce multă roadă." Apoi a continuat cu Psalmul 126:5: „Cei ce seamănă cu lacrimi vor secera cu cântări de veselie."[2]

Aplauze furtunoase

Sacrificiul Sveaei Flood este asemănător cu cel al lui Ştefan, primul diacon. Amândoi au dat tot, nu au ținut seama de preț şi nu au aşteptat să li se vină în ajutor înainte ca durerea şi suferința să-şi facă apariția. Amândoi au murit mult prea tineri, după standardele omeneşti. Dar rezultatele lor pe tărâm spiritual nu pot fi măsurate.

Ştefan a primit în ultimul minut o vedenie care să-l încurajeze. Fapte 7:56 spune că a văzut „cerurile deschise şi pe Fiul omului *stând în picioare* la dreapta lui Dumnezeu." În toate epistolele şi în cartea Apocalipsei, Isus este de obicei descris ca *stând pe tronul* Său alături de Tatăl. Se pare însă că acest moment era atât de intens, încât Isus *S-a ridicat.* Ştefan ajungea acasă.

Cum trăim este mai important decât *cât de mult* trăim. Ce rost are să trăieşti o viață lungă când nu faci decât să tai frunză la câini şi să ocupi spațiu degeaba? Aş prefera mai degrabă să trăiesc câțiva ani semnificativi şi roditori pentru Cristos decât să ajung la 89 de ani şi să nu fi realizat mai nimic.

Cum trăim este mai important decât _cât de mult_ trăim. Ce rost are să trăieşti o viață lungă când nu faci decât să tai frunză la câini şi să ocupi spațiu degeaba? ✳

Cu toate progresele medicinei moderne care să ne ajute să trăim mai mult, vieţile noastre sunt tot un abur trecător în comparaţie cu veşnicia. Nu vom lua nimic din ce avem cu noi atunci când vom părăsi această lume. Lumea pe care o vedem şi care pune atât de uşor stăpânire pe atenţia şi sentimentele noastre nu va mai avea absolut nicio importanţă din secunda în care trecem dincolo.

Eu vreau să fiu pe deplin consacrat lui Dumnezeu. Voi nu? Nu vreau să trăiesc numai pe jumătate plin; vreau să experimentez ce înseamnă să fiu *plin* de Duhul Sfânt în felul în care Dumnezeu l-a intenţionat. El ne-a promis că prin Evanghelie şi ungerea Duhului vieţile noastre pot fi folosite aşa cum a fost cea a Sveaei Flood pentru a aduce binecuvântare şi speranţă multor oameni. Această perspectivă înseamnă pentru mine mult mai mult decât orice onor sau realizare din lume. Nu vreau un titlu; nu vreau să fiu renumit sau să întâlnesc persoane importante pe acest pământ; nu vreau să fiu bogat. Tot ce vreau e ca Dumnezeu să mă îmbrace cu Duhul Său astfel încât să pot aduce oameni la Cristos.

Să ne ajute Dumnezeu să trăim pentru ceva mai de valoare decât noi înşine, ceva mai valoros decât „pofta firii pământeşti, pofta ochilor şi lăudăroşia vieţii", pentru că aceste lucruri nu vin „de la Tatăl, ci din lume. Şi lumea şi pofta ei trece; dar cine face voia lui Dumnezeu rămâne în veac" (1 Ioan 2:16–17).

Avem ocazia chiar în acest moment să ne apropiem de Dumnezeu în rugăciune, ştiind că El Se va apropia de noi. Numai Domnul ne poate scoate din dezordinea acestei vieţi, care ne îndepărtează atât de uşor de planul lui Dumnezeu pentru vieţile noastre, de rodul spiritual pe care îl putem aduce pentru gloria Lui. Ce ne împiedică să-I cerem lui Dumnezeu în acest moment să ne dea inimi de carne şi să ne stăpânească voinţele pentru ca să putem fi împlinitori, şi nu doar ascultători ai Cuvântului?

....

Doamne Tată, iartă-ne pentru că am ignorat adesea scopul Tău pentru viețile noastre. Iartă-ne pentru păcatul de a trăi vieți neînsemnate și egoiste, fără să ne gândim la privilegiul și potențialul ce vin din faptul că Îți aparținem. Descoperă-Ți voia și scopul Tău cu privire la noi și apoi dă-ne harul de a le împlini din toată inima noastră. Te rugăm aceasta în numele lui Cristos. Amin.

Capitolul 8

Să eliberezi oameni din închisorile lor

Cred că aproape toţi conducătorii de biserici şi credincioşii maturi din ţara noastră ar fi de acord cu mine că avem nevoie urgentă astăzi de trezire spirituală. Domnul dă binecuvântare în unele locuri excepţionale, însă în marea majoritate a bisericilor noastre, indiferent de nume, nu se mai vede niciun fel de creştere evanghelică şi vitalitate spirituală după modelul prezentat în cartea Faptele apostolilor.

Adevărul este că în raport cu populaţia, noi nu mai botezăm mulţimi de oameni. Cercetătorii au dovedit acum că mare parte a aşa-numitei „creşteri a Bisericii" nu este altceva decât transferuri de la Biserica Prezbiteriană la Biserica Nazarineană, la Biserica Baptistă. Nu aceasta produce îngerilor bucurie. Ei se bucură atunci când un *păcătos* se pocăieşte.

O parte a problemei noastre este că am dezvoltat o industrie religioasă al cărei angrenaj merge atât de bine, încât nu mai avem nevoie de Duhul Sfânt. A.W. Tozer a remarcat odată că, dacă Dumnezeu ar lua Duhul Sfânt din această lume, Biserica ar continua să funcţioneze la fel fără ca cineva să observe vreo diferenţă. Am devenit experţi în ceea ce facem, dar ceea ce facem nu aduce binecuvântarea şi puterea lui Dumnezeu.

Bisericile din Faptele apostolilor nu aveau Noul Testament (nu fusese încă scris), nu aveau cor, echipament electronic, clădiri proprii, nu aveau prieteni sus-puşi – şi cu toate acestea, ei au zguduit lumea. Dumnezeu nu L-a trimis pe Duhul Sfânt să ne gâdile simţurile; El L-a trimis să ne echipeze pentru a câştiga oameni pentru Isus. Testul suprem al predicării mele şi al lucrării corului nostru stă în întrebarea dacă suntem în stare, cu ajutorul Domnului, să străpungem inimi împietrite şi necredincioase cu mesajul Evangheliei şi să vedem oameni întorşi la El. Fără putere divină şi curaj, noi avem tendinţa să evităm o confruntare făţişă cu lumea. Ne ascundem în discuţii despre cât de groaznic este tot ce se întâmplă în jurul nostru. Sau ne certăm la nesfârşit unul cu celălalt cu privire la a cui doctrină este mai corectă. Biserica a devenit un câmp de cercetare pentru sociologi.

Dumnezeu nu L-a trimis pe Duhul Sfânt să ne gâdile simțurile; El L-a trimis să ne echipeze pentru a câștiga oameni pentru Isus. ✳

Este nevoie să ne rugăm pentru o revenire a puterii Duhului, ca să ne putem asemăna mai mult cu Biserica primară din cartea Faptelor. Exista libertate şi eliberare sub Dumnezeu în acea eră de aur – nu ştiai niciodată ce urma să se întâmple. Duhul Sfânt se putea desfăşura în orice moment. Nu lipsea nici studierea atentă a Bibliei. Acest echilibru între Cuvânt şi Duh este o mare provocare în ziua de azi când balanţa se înclină atât de tare fie spre fanatism, fie spre conservatorism sec.

Mulţi dintre liderii actuali ai Bisericii cred că ţinta finală este să controlezi cu exactitate fiecare fază a lucrării lui Dumnezeu. Cu toată modestia spun că eu nu cred. Suntem mult prea organizaţi. Biserica primară avea o spontaneitate şi o prospeţime minunate, fără să fie haotică sau dezordonată.

D.L. Moody a spus cândva:

> Duhul lui Dumnezeu... mai întâi împarte dragoste; apoi inspiră speranță și apoi El dă libertate – care în ziua de azi este aproape ultimul lucru pe care îl avem în destul de multe dintre bisericile noastre. Îmi pare rău să spun că în multe biserici trebuie să existe o înmormântare înainte ca să se poată face ceva; va trebui să îngropăm formalismul atât de adânc, încât să nu mai aibă parte niciodată de nicio înviere. Ultimul lucru care se găsește în multe biserici este libertatea.[1]

Ceea ce ne trage adesea în jos este ceea ce eu numesc „religie culturală" – devotamentul nostru orb față de modul în care am crescut în biserică și față de atmosfera de care avem parte în fiecare duminică. Îi mulțumesc lui Dumnezeu pentru fiecare lucru bun învățat în trecut, pentru fiecare binecuvântare primită – dar Domnul nu are ceva mai mult pentru noi? Avem așa de mare impact asupra lumii, încât nu mai e nevoie să cerem smeriți în rugăciune o schimbare în status quo? Trezirea vine atunci când oamenii nu mai sunt mulțumiți de *ce este* și tânjesc profund după *ce ar putea fi*.

Îmi pare rău să spun că în multe biserici trebuie să existe o înmormântare înainte ca să se poată face ceva; va trebui să îngropăm formalismul. – D.L. Moody

Una dintre caracteristicile distincte ale Bisericii primare era practicarea în mod serios a rugăciunii. Apostolii nu au spus niciodată: „Doamne, învață-ne să predicăm" sau „Doamne, învață-ne cum să conducem închinarea." Ei *au* cerut: „Doamne, învață-ne să ne rugăm" (Luca 11:1). Capacitatea lui Isus de a fi în comuniune cu Tatăl Său din ceruri i-a fascinat.

Când Duhul Sfânt a fost turnat peste ei, a luat naștere un nou duh de rugăciune și mijlocire. Au început să practice un lucru simplu: ori de câte ori apar urgențe cea mai bună soluție e să ne adunăm pentru rugăciune! Faptul că Dumnezeu răspunde atunci când este chemat Numele Lui era pentru ei o realitate vie. Această credință și fervoare erau într-adevăr născute din Duhul lui Dumnezeu.

Aceasta este una dintre realitățile spirituale ale vieții pe care pastorii însetați încep să o înțeleagă din ce în ce mai bine. Inima lor a fost mișcată de Dumnezeu ca să-și dorească o schimbare reală în bisericile lor, mai ales în ce privește rugăciunea în biserică. Dar zelul lor de a iniția întâlniri de rugăciune (de un fel sau altul) se transformă adesea în deznădejde când își văd membrii dezinteresați și indiferenți. Chiar și cei care participă la serviciile de rugăciune sunt adesea reci și mecanici și nu înțeleg decât vag sau chiar deloc rugăciunea eficientă și fierbinte menționată în Scriptură.

Problema de bază este nevoia ca Duhul Sfânt să vină cu putere și să dea naștere unui duh autentic de rugăciune. Cu alte cuvinte, trebuie să ne asigurăm mai întâi de prezența și harul Duhului; apoi putem porni la rugăciune pentru celelalte nevoi de tot felul. Să ne amintim de promisiunea Domnului: „Deci, dacă voi, care sunteți răi, știți să dați daruri bune copiilor voștri, cu cât mai mult Tatăl vostru cel din ceruri va da Duhul Sfânt celor ce I-L cer!" (Luca 11:13).

Numărătoarea inversă

Una dintre primele crize ale Bisericii primare a început o dată cu martirajul lui Iacov, consemnat în primele versete din Fapte 12. Nici nu au apucat ei să-l îngroape pe Iacov că Petru a și fost arestat. Credincioșii își șopteau probabil unul altuia: „Ce se întâmplă? Irod ne va lua pe rând conducătorii, unul după altul!"

Împăratul l-ar fi executat rapid pe Petru dacă nu i-ar fi stat în cale calendarul. S-a întâmplat să fie chiar atunci săptămâna Paștilor și Irod a trebuit să aștepte până la următoarea zi obișnuită de lucru. (Se jena se pare să omoare oameni nevinovați în zilele de sărbătoare evreiești.)

Ce îi rămânea bisericii de făcut? Putea să îşi plece capul în faţa inevitabilului. Dar nu. „Deci Petru era păzit în temniţă", ne relatează Biblia, *„şi Biserica nu înceta să înalţe rugăciuni către Dumnezeu pentru el"* (Fapte 12:5). Ei s-au luptat în rugăciune; o spirală neîntreruptă de rugăciuni s-a înălţat la cer pentru Petru, care avea nevoie de o eliberare miraculoasă.

Presupun că ei ar fi putut organiza o demonstraţie politică prin care să ceară respectarea drepturilor civile ale lui Petru, protestând împotriva discriminării făţişe a creştinilor. Dar ei au ales să se agaţe de promisiunile Domnului: „Cereţi, şi vi se va da; căutaţi, şi veţi găsi; bateţi, şi vi se va deschide. Căci orişicine cere capătă; cine caută găseşte; şi celui ce bate i se deschide" (Matei 7:7–8).

În fiecare seară din săptămâna Paştilor care părea să se scurgă atât de lent, puteai vedea grupuri mici de creştini îndreptându-se grăbiţi în umbră spre locurile de întâlnire din tot Ierusalimul. Ei stăteau acolo până în primele ore ale dimineţii strigând: „Doamne Dumnezeule, cruţă-i viaţa lui Petru! L-am pierdut deja pe Iacov şi îl vom pierde şi pe Petru dacă nu intervii Tu. Ochii noştri sunt îndreptaţi spre Tine. Nimeni altul, în afară de Tine, nu ne poate ajuta."

Ei nu puteau ajunge la Petru, nu se puteau duce în celula lui să-l încurajeze, să-şi pună mâinile peste el sau să facă altceva. Dar ce nu se poate atinge fizic este încă accesibil din punct de vedere spiritual. Rugăciunea a mişcat mâna lui Dumnezeu, mână care este omnipotentă.

Gândiţi-vă la binecuvântările şi răspunsurile miraculoase de care nu avem parte astăzi pentru că nu Îl credem pe Dumnezeu pe cuvânt. El nu S-a schimbat – noi însă ne-am îndepărtat mult în gândirea noastră de acei căutători zeloşi de acum două mii de ani.

Dacă predicarea ar fi fost în ea însăşi un răspuns, nu vi se pare firesc să fi văzut de mult timp o Americă diferită? Dacă muzica bună, programele de radio şi sanctuarele luxoase ar fi fost cheia, noi am fi descoperit-o până acum. Rugăciunea este calea prin care Dumnezeu vine şi Îşi binecuvântează poporul.

În prima săptămână din ianuarie noi anulăm programul obişnuit de la Brooklyn Tabernacle pentru o serie de întâlniri de rugăciune. Nicio altă activitate sau program nu se derulează în acea săptămână pentru că noi ştim mult prea bine că trebuie să ne întărim în Domnul mai întâi pentru orice provocări sau atacuri satanice pe care le-ar putea aduce noul an. Clădirea este plină până la refuz în fiecare seară cu oameni care Îl caută pe Domnul şi stau în prezenţa Lui.

Dacă predicarea ar fi fost în ea însăşi un răspuns, nu vi se pare firesc să fi văzut de mult timp o Americă diferită? Dacă muzica bună, programele de radio şi sanctuarele luxoase ar fi fost cheia, noi am fi descoperit-o până acum.

În săptămâna următoare revenim la ritmul obişnuit al întâlnirilor de rugăciune de marţi seara şi al celorlalte programe şi activităţi. Grupul nostru de rugăciune, condus de pastorul asociat Ken Ware, are în clădirea noastră un grup de oameni care, prin rotaţie, mijlocesc neîntrerupt, zi şi noapte, la tronul harului. În anumite momente din timpul anului avem biserica deschisă şi după-amiezile pentru rugăciune în comun, unde oamenii vin după ce ies de la serviciu.

Chiar şi după toate acestea trebuie să recunosc, şi întreaga conducere o ştie, că biserica noastră are încă nevoie de o revărsare proaspătă a Duhului Sfânt. Da, Îi mulţumim lui Dumnezeu pentru binecuvântările Sale, dovezi ale harului Său printre noi. Dar mai putem primi încă atât de mult de la El. Nu am atins decât suprafaţa a ceea ce ştim că Dumnezeu poate şi va face prin şi în noi.

Eliberarea

Săptămâna Paştilor se apropie de sfârşit. Soarele e la apus în ziua Sabatului. Credincioşii se roagă cu şi mai multă intensitate. „Doamne, Dumnezeule, timpul e pe sfârşite! Sărbătoarea s-a încheiat. Aceasta este ultima noapte; mâine ar putea fi sfârşitul. Suntem în ultimul ceas, o, Doamne. Salvează-l pe Petru, Te rugăm!"

Şi tocmai la timp... Dumnezeu Îşi trimite îngerul în celula întunecoasă.

> În noaptea zilei când avea de gând Irod să-l înfăţişeze la judecată, Petru dormea între doi ostaşi, legat de mâini cu două lanţuri; şi nişte păzitori păzeau temniţa la uşă. Şi iată, un înger al Domnului a stat lângă el pe neaşteptate, şi o lumină a strălucit în temniţă. Îngerul a deşteptat pe Petru, lovindu-l în coastă şi i-a zis: „Scoală-te, iute!" Lanţurile i-au căzut jos de pe mâini. (Fapte 12:6–7)

A trimite răspunsul *tocmai la timp* Îl caracterizează pe Dumnezeu! Petru a fost salvat chiar în ultimul moment; rugăciunile bisericii au fost ascultate. La fel va fi şi pentru voi şi pentru mine dacă rămânem tari în credinţă. Ceasul lui Dumnezeu nu seamănă cu al nostru. Vedem peste tot în Scriptură cum El apare pe scenă tocmai la timp.

În această naraţiune vedem din nou cum Dumnezeu trimite „ceva din cer". În acest caz un înger a venit să îl salveze pe slujitorul Lui. La apariţia îngerului „o lumină a strălucit" şi a străpuns întunericul gros din celula lui Petru. Ce tablou minunat de iluminare divină poate trimite Dumnezeu pentru a ne risipi confuzia şi tulburarea.

Oare câţi dintre noi nu trecem acum prin dileme întunecate ca smoala în căsniciile noastre, cu copiii noştri, în finanţele noastre? Poate că o problemă spirituală ne sâcâie constant, părând fără soluţie. Ne-am gândit, ne-am consultat, am dezvoltat strategii şi totul în zadar. Nu avem nevoie decât de o strălucire a luminii lui Dumnezeu.

E aceeaşi lumină de care avem nevoie de fiecare dată când deschidem Biblia. „Dar omul firesc nu primeşte lucrurile Duhului lui Dumnezeu" (1 Corinteni 2:14) şi aceasta include cu siguranță nevoia noastră de revelație de la Dumnezeu, o învățătură precisă a ceea ce Scriptura vrea să spună cu adevărat. Specialiştii în ebraică sau greacă nu vor pricepe niciodată pe deplin, prin procese naturale, adâncimile ascunse din Cuvântul lui Dumnezeu. *Doamne, trimite-ne mai multă lumină!*

Îngerul l-a lovit pe Petru în acea noapte ca să-l trezească; el nu se ruga pentru el însuşi, ci dormea. Mulți dintre noi avem membri ai familiei şi prieteni care sunt cufundați într-un alt fel de somn – o amețeală spirituală care este cu mult mai periculoasă. Poate că unii dintre ei au slujit cândva Domnului.

Aşa cum Dumnezeu l-a trezit pe Petru ca răspuns la rugăciunea fierbinte a copiilor Săi, tot aşa şi noi putem fi siguri că El o va mai face. El îi poate face conştienți de realitatea cerului, a iadului şi a mântuirii. Am văzut multe, multe dintre aceste răspunsuri la rugăciune în adunarea noastră. E nevoie să ne rugăm acum mai mult ca niciodată: *Trezește-i, Doamne! Trezește-i!*

Chiar şi după ce a fost trezit, Petru mai avea încă doi soldați alături, gărzi la poartă şi lanțuri care îl țineau legat. Dar Dumnezeu s-a dispensat de gărzi şi lanțurile au căzut de pe brațele lui Petru când îngerul i-a vorbit. Dumnezeu mai poate încă rupe lanțuri – oricât de puternice ar fi legăturile plăcerii, ale drogurilor, alcoolului sau ale înşelăciunii, puterea Duhului le poate frânge şi poate elibera bărbați şi femei.

Libertate lăuntrică

Poate că cea mai dramatică eliberare a timpurilor noastre este ceea ce Dumnezeu a făcut pentru criminalul cunoscut şi temut la nivel național, numit „Fiul lui Sam" sau „Ucigaşul de calibrul .44". Pentru a înțelege mai bine această salvare spirituală, vă duc înapoi în timp în vara anului 1977. Noi ne mutasem recent programele de duminică din mica clădire de pe Atlantic Avenue în cartierul Brooklyn lângă YWCA (Young Women's Christian Association – Asociația Femeilor Creştine Tinere, n.ed.), care avea o sală cu o capacitate de 500 de persoane. Şi eu, şi Carol eram fericiți pentru spațiul în plus, dar fără aer condiționat în clădire şi cu toate ferestrele ferecate, lunile iulie şi august ne-au pus răbdarea la încercare. Încă îmi amintesc unul dintre programele noastre de evanghelizare când temperatura a atins 43 de grade C în încăperea aglomerată.

Lucrurile erau încinse în New York City în acea vară şi nu mă refer numai la vreme. Un nebun înarmat ucidea tinere femei şi apoi trimitea ziarelor scrisori scârboase despre cheful lui de a ucide. El spunea că îşi primeşte ordinul de a ucide de la un câine, şi întreg oraşul era îngrozit.

Se vorbea pe stradă că țintele lui sunt brunetele. O mulțime de femei şi-au decolorat părul pentru a evita să devină următoarele lui victime. New York City este probabil cea mai sofisticată metropolă din lume, dar un singur bărbat anonim a adus-o sub un nor palpabil de teroare. Devenise subiect de discuție peste tot în fiecare zi, de la elegantele localuri din Upper East Side până la străduțele din Skid Row. Titlurile ziarelor aduceau în fiecare zi noi informații – sau speculații – despre cum a acționat ucigaşul. Presiunile făcute asupra departamentului de poliție de a-l prinde erau imense.

Pe neaşteptate, ucigaşul a lovit din nou, şi o altă familie jelea pierderea fiicei. Nici de această dată autoritățile nu au găsit nicio probă. Încă o dată menghina fricii s-a strâns şi mai puternic în jurul oraşului ce părea lipsit de ajutor. Ce demon e acesta, ne întrebam noi, care împuşcă la întâmplare tinere femei, aparent fără niciun motiv?

După treisprezece luni cazul a fost, în sfârşit soluţionat. David Berkowitz, un poştaş de 24 de ani ce locuia în Yonkers, o suburbie la nord de oraş, a fost arestat. O amendă pentru parcare neregulamentară primită lângă locul ultimei împuşcături a condus în final poliţia până la el. Zile în şir la televizor nu-l puteai vedea decât pe „Fiul lui Sam" cu cătuşe şi înconjurat de poliţişti. Ochii lui aveau o privire pierdută, dar zâmbetul lui era ciudat. Cu toţii am dormit mai bine în nopţile care au urmat.

Menghina fricii s-a strâns și mai puternic în jurul orașului ce părea lipsit de ajutor. Ce demon e acesta, ne întrebam noi, care împușcă la întâmplare tinere femei, aparent fără niciun motiv? ✳

Trimis în judecată, David Berkowitz a recunoscut deschis că este vinovat de uciderea a cinci femei şi a unui bărbat, precum şi de rănirea multor altora. Numai interzicerea pedepsei cu moartea din Statul New York l-a ajutat să rămână viu. Pedeapsa lui cu închisoarea era de sute de ani şi a fost trimis la Attica.

Pe parcurs am uitat de el... până acum câţiva ani când o femeie pe care nu o cunoşteam a sunat la biroul bisericii şi a cerut să vorbească cu mine. După ce s-a prezentat mi-a spus:

— Vă spune ceva acest nume, David Berkowitz – ucigaşul în serie de la sfârşitul anilor '70?

— Bineînţeles, am replicat eu. Locuiam chiar aici în New York în acea perioadă.

— David a devenit creştin, a spus ea.

Eu şi Carol auzisem o relatare scurtă despre cum şi-a pus el credinţa în Cristos, dar nu aveam niciun detaliu.

— Un grup creştin încearcă să-i facă publică mărturia şi lui nu îi place modul în care aceştia o vor face. El vă cunoaşte pe dumneavoastră din casetele video ale corului pe care le-a văzut în închisoare şi are încredere în dumneavoastră. Credeţi că aţi putea să-l ajutaţi?

— Spuneţi-i să mă sune, i-am răspuns eu.

Exact aşa s-a şi întâmplat. În următoarele luni am înfiripat o prietenie cu un om pe care niciodată nu am visat că îl voi întâlni în niciun fel de împrejurare, cu atât mai puţin ca şi frate în Cristos. Am vorbit de câteva ori prin telefon şi ne-am trimis scrisori. Încetul cu încetul am aflat despre copilăria lui, cum a crescut în Bronx ca fiu adoptat într-o casă de evrei.

„Am avut probleme psihice şi emoţionale încă de timpuriu", mi-a spus David, „şi am fost o adevărată pacoste pentru părinţii mei. Mă simţeam atras de lucrurile oculte şi satanice – de fapt, eram fascinat de ele. Se pare că încă de atunci am fost marcat şi pus deoparte de Satana pentru scopuri drăceşti."

Şcoala nu i-a adus decât probleme una după alta. Comportamentul distrugător al lui David i-a făcut pe cei din conducere să încerce să-l ţină sub control. Acasă se băga sub pat şi stătea acolo ore întregi. Noaptea târziu se folosea de scara pentru incendiu pentru a scăpa din dormitor şi a colinda pe străzile întunecate. Filmele de groază erau pasiunea lui.

Mama adoptivă a lui David era o evreică ce-şi practica religia şi ţinea fiecare sărbătoare religioasă. Copiii din cartier îi aruncau adesea lui David remarci antisemite, dar el nu s-a identificat niciodată cu nicio religie. Numele şi persoana lui Isus Cristos nu însemnau nimic specific pentru el. „Sincer, am crezut că El era un simplu catolic! Habar nu aveam că Isus S-a declarat a fi Mesia lui Israel."

David a terminat liceul cu chiu, cu vai şi s-a înrolat în armată. Trei ani mai târziu s-a întors în Bronx să-şi regăsească prietenii. Dar majoritatea băieţilor pe care îi cunoştea erau plecaţi acum, iar unii nu au supravieţuit răutăţii de pe străzile oraşului. „Eram singur şi căutam pe cineva cu care să-mi pierd timpul. M-am angajat, mi-am închiriat un apartament pe care l-am mobilat în speranţa că poate voi întâlni o fată drăguță. Nu-mi doream decât să trăiesc o viață oarecum normală. Dar n-a fost să fie aşa."

David era vulnerabil şi goliciunea din sufletul său a început să-l atragă spre oameni şi lucruri din ce în ce mai întunecate. Grupul satanic căruia i s-a alăturat era înclinat să creeze haos. Armaghedonul se va întâmpla oricum în curând, s-au gândit ei, aşa că de ce să nu înceapă haosul chiar acum? David a început să care bucăți mari de piatră pe podurile de deasupra autostrăzilor şi le arunca în traficul de dedesubt doar ca să privească accidentele care urmau. A trecut apoi la declanşarea de incendii de tot felul – 2000 la număr, pe care le-a notat cu grijă într-un jurnal.

„Am început să mă rog şi să vorbesc demonilor", îşi aminteşte el cu părere de rău. „Pe parcurs am început să am halucinații. Eram convins că demonii îmi vorbeau şi încercau să mă ghideze prin lătratul câinilor. Îmi pierdeam mințile."

Mai târziu David a început să împuşte tinere femei pe străzile slab luminate folosind un pistol de calibrul .44. „Nimic nu mă putea controla. Eram ca acel demonizat din Gadara – chinuit, provocându-mi singur dureri şi împins în locuri întunecoase şi izolate."

Odată cu arestarea şi condamnarea lui, reputația nu a încetat să îl urmeze şi în închisoare. Aproape că a murit în 1979 când un alt condamnat l-a tăiat cu o lamă, pentru simplul motiv de a-şi face un nume printre puşcăriaşi. În urma atacului, partea stângă a gâtului lui David se deschidea precum un plic. Doctorii care l-au cusut nu au putut înțelege cum de nu a fost atinsă şi artera carotidă. A rămas şi până în ziua de azi cu o imensă cicatrice.

În 1987 David a fost mutat la Centrul de Corecție Sullivan, la o distanță de aproape două ore cu maşina la nord-vest de casa mea. Într-o seară friguroasă de decembrie în timp ce se plimba în curtea pentru exerciții, a fost oprit de un tânăr deținut pe care îl chema Ricky Lopez. „Mi-a spus că vrea să-mi zică ceva – că Isus mă iubeşte şi că are un scop pentru viaţa mea. L-am alungat râzând şi i-am spus că nu ştia cu cine vorbeşte. Nimeni nu putea iubi pe cineva care a comis crime atât de oribile.

El mi-a spus că ştia exact cine sunt, dar acest lucru nu avea importanţă. Isus mă iubea încă şi dorea să aibă o relaţie personală cu mine."

Ricky a continuat să se plimbe alături de David zi după zi, devenind prietenul lui. Apoi într-o zi i-a făcut cadou un mic Nou Testament care avea şi Psalmii şi i-a sugerat ca, de vreme ce e evreu, să înceapă să citească Psalmii.

Întors în celulă, David a început să citească. Psalmul 18 i-a atins inima în mod special:

> Eu strig: „Lăudat să fie Domnul!"
> şi sunt izbăvit de vrăjmaşii mei...
> Dar, în strâmtorarea mea, am chemat pe Domnul,
> Şi am strigat către Dumnezeul meu:
> Din locaşul lui, El mi-a auzit glasul,
> Şi strigătul meu a ajuns până la El, până la urechile Lui.
> (Psalmul 18:3, 6)

Un alt verset semnificativ a fost versetul 6 din Psalmul 34: „ Când strigă un nenorocit, Domnul aude şi-l scapă din toate necazurile lui".

Cuvântul lui Dumnezeu a străpuns inima lui David. A îngenuncheat lângă patul lui şi I-a cerut lui Isus Cristos să fie Mântuitorul şi Domnul său. A plâns în timp ce povara imensă pe care o simţea pentru ce făcuse a căzut de pe umerii lui. Cuvântul lucra în el şi el striga după îndurare.

În cei mai bine de zece ani de atunci David Berkowitz a progresat în credinţă. El studiază cu atenţie Cuvântul lui Dumnezeu. Acum este capelan asistent la închisoarea Sullivan. A organizat mai multe concerte susţinute de corul din Manhattan Grace Tabernacle, una dintre bisericile noastre fiice. La prima lor vizită, în timp ce-şi instalau echipamentul şi îşi potriveau sistemul de sunet, David a intrat pe uşa din spate şi i-a întrebat liniştit dacă ar putea să-i ajute sau să le aducă orice ar fi avut nevoie. Câţiva dintre membrii corului, care trăiseră sub teroarea produsă de el, au început să plângă când i-au văzut schimbarea atât de evidentă a personalităţii lui.

Până la urmă am fost cu Carol să-l vedem. Am descoperit că era unul dintre cei mai blânzi şi mai gentili creştini pe care am avut vreodată plăcerea de a-i întâlni „David, cum te putem ajuta?" a întrebat Carol. „Ai nevoie de ceva de afară ce ţi-am putea aduce?"

Răspunsul acestui bărbat umil, de vârstă medie acum, a fost: „Rugaţi-vă doar pentru mine. Mă simt uneori singur. Palierul este atât de zgomotos câteodată şi-mi este greu să citesc Cuvântul sau să mă rog. Dar ştiu că am nevoie de Duhul Sfânt care să mă ţină tare în Domnul."

I-am spus cum echipa de teatru a bisericii noastre a pus în scenă o reprezentare despre viaţa lui pentru a comunica Evanghelia şi ori de câte ori a prezentat-o am avut sala plină. El şi-a plecat capul şi a spus abia şoptit: „Mulţumesc, Isuse. Toată lauda Ţi se cuvine Ţie, Isuse." David şi-a petrecut deja jumătate din viaţa lui în spatele gratiilor. El nu va fi niciodată graţiat. De fapt, nu ne-a cerut niciodată nici mie, nici vreunui alt lucrător sau organizaţie să pledeze pentru eliberarea lui. Ştie că ceea ce a făcut e atât de grav, încât merită să fie închis pentru toată viaţa, şi închisoarea, spune el, este sfera lui de lucru, ordinată de către Dumnezeu. Capelanul sau cel ce conduce închinarea îi permit uneori lui David să conducă un studiu biblic sau un serviciu, sau chiar să predice din când în când, atunci când invitatul nu poate veni. A părăsi acest loc înseamnă să fugă de chemarea lui Dumnezeu din viaţa lui aşa cum a făcut Iona. „Sunt destule de făcut aici" spune David.

„Dar este şi periculos. Dumnezeu m-a avertizat de multe ori când ceva urma să se întâmple." David ne-a devenit un prieten drag mie şi soţiei mele. Nu numai atât, dar el este şi fratele meu în Cristos, pentru că Cristos l-a schimbat chiar pe „capul păcătoşilor" – un ucigaş în serie posedat de demoni – într-un copil preţios al lui Dumnezeu. Cele mai puternice lanţuri satanice au fost rupte de Domnul Isus Cristos.

A existat vreodată un astfel de miracol al eliberării în cei 2 000 de ani de la moartea şi învierea lui Cristos? Dumnezeu a sfărâmat cătuşele „fiului lui Sam". El este liber în duhul său să-L urmeze pe Salvatorul pe care-L iubeşte. Ne vom întâlni cu el, fratele nostru în Cristos, pe coridoarele cerului.

Ce fel de lanţuri ai creat în propria ta viaţă? Care fiu sau fiică este prea departe de Dumnezeu? În ce închisoare a depresiei sau a vinovăţiei eşti tu închis? „Dacă Fiul vă face slobozi, veţi fi cu adevărat slobozi" (Ioan 8:36).

Uşile trebuie să se deschidă

Niciun obstacol nu-L poate opri pe Dumnezeu atunci când lucrează în vieţile noastre. Continuarea povestirii lui Petru din cartea Faptele apostolilor ilustrează acest adevăr minunat.

> Apoi îngerul i-a zis: „Încinge-te şi leagă-ţi încălţămintele." Şi el a făcut aşa. Îngerul i-a mai zis: „Îmbracă-te în haină şi vino după mine." Petru a ieşit afară şi a mers după el, fără să ştie dacă ce făcea îngerul este adevărat. I se părea că are o vedenie. După ce au trecut de straja întâia şi a doua, au ajuns la poarta de fier, care dă în cetate şi ea li s-a deschis singură; au ieşit şi au trecut într-o uliţă. Îndată, îngerul a plecat de lângă el.
>
> Când şi-a venit Petru în fire, a zis : „Acum văd cu adevărat că Domnul a trimis pe îngerul Său şi m-a scăpat din mâna lui Irod şi de la tot ce aştepta poporul iudeu". (Fapte 12:8–12)

Observaţi că îngerul şi Petru au trebuit să treacă de poarta de fier care dădea în cetate. Acesta era obstacolul final. De cealaltă parte se afla libertatea. Biblia ne spune că *„ea li s-a deschis* *singură* şi au trecut" (v. 10). Nu s-au încurcat cu nicio cheie sau berbec basculant. Ultimul obstacol care stătea în calea libertății lui Petru a capitulat în fața puterii Domnului.

Pentru mine este o încurajare ori de câte ori citesc acest pasaj. Nu v-ați săturat să tot încercați să deschideți uşi prin propria voastră putere? Poate că e o uşă pentru o slujire mai bună a lui Dumnezeu sau o uşă de rezistență care ne opreşte să păşim spre un nou loc în Dumnezeu. Sunt atât de multe feluri de uşi cu care ne confruntăm atunci când Îl slujim pe Isus şi ne împotrivim puterilor întunericului.

Dumnezeu poate face într-o zi mai mult decât putem noi realiza în zece ani de eforturi umane. Am petrecut luni întregi muncind din greu să deschid uşi pe care numai Dumnezeu le putea pune în mişcare şi încă învăț că se fac mult mai multe lucruri perseverând în rugăciune decât preluând eu însumi controlul.

Mă bucur atât de mult că am auzit, copil fiind, această rugăciune simplă şi scurtă care încă mă binecuvântează ori de câte ori o cânt:

Isus sfărâmă orice lanț
Isus sfărâmă orice lanț
Isus sfărâmă orice lanț
Și mă eliberează.

Capitolul 9

„Strategia" Duhul Sfânt

Când aveam numai 10 ani, fratele meu Bob mi-a dat o carte despre cum să joci baschet. Scris de Red Auerbach, legendarul antrenor, manager general şi proprietar al echipei Boston Celtics, volumul tratează excelent regulile de bază: joc de picioare, apărare, aruncare, cum să driblezi mingea, cum să dai pasă, cum să simulezi. Am început să încerc ceea ce am învăţat în sala de sport a unei mici biserici. În fiecare sâmbătă dimineaţa eu şi Bob ne urcam într-un autobuz, apoi îl schimbam cu altul şi în final ajungeam pe strada Quincy din zona Bedford-Stuyvesant a cartierului Brooklyn, unde timp de trei ore aruncam la coş până când mă dureau braţele.

Întorşi acasă în dormitorul pe care îl împărţeam cu el, scoteam din nou cartea să studiez instrucţiunile, să-mi imaginez mişcările şi să mă uit la fotografiile marilor jucători de la Celtic precum Bob Cousy şi Tommy Heinsohn. În înflăcărarea mea copilărească exersam în faţa oglinzii: *Simulează stânga, mergi spre dreapta,* aşa cum spunea Red Auerbach.

Era o carte bună... dar când am crescut şi am început să joc în echipa liceului, am descoperit ceea ce fiecare atlet ştie: deşi este important să înveţi regulile de bază, ele singure nu te vor face niciodată campion. Când intri în joc, trebuie să porneşti cu un simţ interior a ceea ce urmează să faci dintr-un moment în altul. Am văzut jucători care cunoşteau foarte bine principiile de bază ale jocului, dar care erau încă ţepeni şi mecanici.

Nu aveau acel fler special care se exprimă prin mişcări naturale. De aceea ei nu vor ajunge niciodată la ritmul unui Magic Johnson, unui Larry Bird sau unui Michael Jordan.

Îmi amintesc privind înregistrări ale jocului în timpul anilor de studenţie la Universitatea din Rhode Island şi mă vedeam jucând mingea pe podea într-un mod pe care nu mi-l aminteam deloc. Niciodată nu m-am gândit în mod conştient la aceste manevre. Reacţionam aşa cum îmi cerea jocul în acel moment. Pe neaşteptate mă răsuceam spre stânga, fără niciun alt motiv decât că aşa îmi dictau instinctele să fac.

Dumnezeu a intenţionat ca lucrarea Lui – totul, de la predarea la şcoala duminicală până la pionierat într-o zonă nouă de misiune – să fie marcată de un flux similar, dar de natură spirituală. Biblia numeşte aceasta a fi „călăuziţi de Duhul lui Dumnezeu" (Romani 8:14; Galateni 5:18). Există într-adevăr principii importante de doctrină pe care trebuie să le învăţăm şi adevăruri biblice pe care trebuie să le implementăm, dar în acelaşi timp, numai Dumnezeu Duhul Sfânt le poate îmbina într-un mod perfect, aproape inconştient pentru ca noi să putem atinge oamenii cu mesajul de dragoste al lui Dumnezeu. Avem nevoie de acea contopire unică dintre adevărul divin, personalitatea umană şi darul Duhului Sfânt care produce o slujire eficientă pentru Cristos.

Jucători și „spectatori"

Duhul viu al lui Dumnezeu ne poate îndruma în momente critice. El ne poate indica ce să spunem şi ce să nu spunem şi cum să reacţionăm la uneltirile năvalnice ale lui Satana. El ne dă gândul lui Cristos şi claritatea spirituală pentru a vedea cui ne împotrivim. El oferă înţelepciunea şi discernământul pe care nicio şcoală nu ţi le poate da. Acestea sunt lucrurile absolut esenţiale pentru a putea fi „slujitori ai unui legământ nou, nu al slovei, ci al Duhului; căci slova omoară, dar Duhul dă viaţa" (2 Corinteni 3:6). Echipaţi de Dumnezeu, putem participa cu succes la marea competiție spirituală, numită lucrarea Evangheliei.

Aşa cum sunt oameni care privesc din tribune şi care nu au cunoscut niciodată ce înseamnă să joci pe teren, tot aşa şi noi avem milioane de membri ai bisericilor care stau în băncile lor în fiecare săptămână fără să intre vreodată în joc. Ei nu sacrifică nimic, nu se căznesc să atingă niciun țel în slujire, nu agonizează niciodată în rugăciune pentru vreun suflet, ci îşi dau doar cu părerea despre cât de bine se joacă în această competiție a credinței. Se comportă ca şi cum „ar şti". Li se pare uşor de acolo de unde stau, dar ei nu au încercat niciodată să facă ceva pentru Dumnezeu.

Creştinul care este gata să-şi rişte trupul şi sufletul în lupta împotriva răului are o altă mentalitate. El ştie că vor fi momente grele, dar şi tot felul de bucurii. El ştie că va trebui să îşi adune toată puterea, ca şi pe cea a lui Dumnezeu pentru a învinge. El este un campion pentru Dumnezeu şi îndrăzneşte să se arunce în competiție.

Citim despre doi astfel de războinici curajoşi în Fapte 13 şi despre cum au început ei o lucrare istorică. Totul a pornit de la conducătorii bisericii din Antiohia – un grup multirasial, fără nicio îndoială – care au făcut ceva foarte ciudat, cel puțin pentru urechile noastre moderne. „Pe când slujeau Domnului şi posteau, Duhul Sfânt a zis: «Puneți-Mi deoparte pe Barnaba şi pe Saul pentru lucrarea la care i-am chemat.» Atunci, după ce au postit şi s-au rugat şi-au pus mâinile peste ei şi i-au lăsat să plece" (v. 2–3). Aşa a început prima călătorie misionară a lui Pavel, cum este ea numită, care a schimbat întregul viitor al religiei creştine.

„Majoritatea oamenilor își fac schițe și planuri în mediocritate, în timp ce, din când în când, cineva uită de sine în măreție." – E. Stanley Jones ✳

Aceşti bărbaţi nu stăteau confortabil într-o sală de şedinţă, schiţând planuri strategice pe o tablă. Nu se strângeau în jurul computerului lucrând la proiecte. Ei aveau timp pentru slujire, laudă şi rugăciune, intensificate de perioade de post. E. Stanley Jones spunea într-una dintre cărţile lui de la început: „Majoritatea oamenilor îşi fac schiţe şi planuri în mediocritate, în timp ce, din când în când, cineva uită de sine în măreţie."[1] Fraţii din Antiohia au uitat de lucruri legitime, precum mâncarea, pentru ca să-şi sensibilizeze simţurile spirituale. Dumnezeu Duhul Sfânt pare să fie atras de astfel de momente. Când stăm în prezenţa Lui în acest mod, El ne vorbeşte şi ne spune ce trebuie să auzim.

Dar dacă suntem mereu ocupaţi lucrând, vorbind, împărţind materiale şi făcând legături telefonice, pierdem ocaziile de a asculta şi de a ne acorda urechile la vocea Lui. Aceşti bărbaţi din Antiohia au creat liniştea necesară pentru a auzi ceva din ceruri.

Samuel Chadwick a spus la începutul anilor 1900: „Bisericile care îşi înmulţesc comitetele, dar neglijează rugăciunea pot fi active, zgomotoase, întreprinzătoare, dar muncesc în zadar şi îşi risipesc energia în van. Este posibil să excelezi în mecanică şi să eşuezi la dinamică. Există o abundenţă de utilaje; ce lipseşte este puterea."[2]

Duhul sfânt te vrea pe tine

Citim adesea în Vechiul Testament că „Dumnezeu a spus cutare sau cutare lucru". La fel şi în Noul Testament există zeci de locuri unde „Isus a zis...". Acelaşi tipar apare şi în Faptele apostolilor, numai că în acest caz „Duhul Sfânt a spus...", şi El este o persoană divină, vie, care vorbeşte, al treilea membru al Trinităţii. El dă călăuzire divină privitor la ce trebuie făcut pentru ca Biserica să înainteze.

Toţi cei care zicem că vrem să construim Împărăţia lui Dumnezeu, trebuie să ne oprim şi să recunoaştem nevoia noastră de călăuzire divină. Trebuie să existe o interacțiune vie între noi și Duhul Sfânt, altfel nu vom ajunge departe. El trebuie să ne arate cum să ducem la îndeplinire eficient Marea Trimitere a Bisericii, atât în evanghelizare, cât și în ucenicizare.

Nu știm exact cum s-a manifestat Duhul Sfânt în acea zi în Antiohia, dar pare rezonabil să presupunem că printr-un anumit dar spiritual, poate prin ceea ce 1 Corinteni 12 numește „prorocie". Instrucțiunea Duhului a venit prin instrumente umane.

El a spus: „Puneți-*Mi* deoparte pe Barnaba și pe Saul." Duhul Sfânt îi revendica pe acești doi bărbați pentru o misiune specială. Gândiți-vă la acest act spiritual în care Duhul cel viu își pune degetul pe doi oameni în prezența celorlalți lideri sau chiar a întregii adunări.

Duhul Sfânt își are propriile Lui strategii și planuri pentru Biserică. Observați exprimarea din versetul 2: „... pentru lucrarea la care *Eu* i-am chemat." Cine ar putea conduce mai bine treburile Bisericii creștine decât Duhul Sfânt? Dacă El a dat îndrumări specifice pentru lucrare atunci, care verset din Biblie spune că nu o poate face și acum? Ce e schimbat la noi sau la această lume că nu mai avem nevoie de călăuzirile Lui specifice pentru cine, ce, când și unde?

Cine ar putea conduce mai bine treburile Bisericii creștine decât Duhul Sfânt? Dacă El a dat îndrumări specifice pentru lucrare atunci, care verset din Biblie spune că nu o poate face și acum? ✳

Organizațiile misionare și ședințele comitetului bisericii care nu includ momente de rugăciune și așteptare în prezența lui Dumnezeu pentru călăuzire sunt o rușine și o nenorocire pentru lucrarea lui Dumnezeu. Cum am putea noi să fim mai înțelepți decât Dumnezeu Duhul Sfânt? Gândiți-vă la toate hotărârile bisericii privitoare atât la personal, cât și la finanțe, care se iau fără ca Duhul Sfânt să fie măcar întrebat.

Niciuna dintre doctrinele biblice, oricât de prețioase și vitale ar fi ele pentru noi, nu poate înlocui acest gen de călăuzire zilnică, specifică a Duhului lui Dumnezeu. Conducătorii din Antiohia ar fi putut citi tot Vechiul Testament, cu toată inspirația lui dumnezeiască și tot n-ar fi știut niciodată că Duhul Sfânt voia să îi trimită, în mod specific, pe Pavel și pe Barnaba. A fost nevoie de o intervenție directă a Duhului pentru a porni lucrarea lui Dumnezeu pe calea aleasă de El.

Isus a spus: „Mare este secerişul, dar puțini sunt lucrătorii! Rugați, dar, pe Domnul secerişului să scoată lucrători la secerişul Lui" (Matei 9:37–38). Avem o mulțime de critici în bisericile noastre astăzi și o grămadă de oameni cărora le place să dezbată – dar nu prea mulți lucrători. Remarcați, totuşi, că porunca este să ne rugăm ca Domnul secerişului să ridice şi să identifice lucrătorii de care e nevoie.

Mai mult decât voluntariat

Nimic nu va putea înlocui vreodată metoda lui Dumnezeu de a scoate lucrători, nici chemările emoționante pentru voluntari devotați, nici toate seminarele din lume. Barnaba şi Saul nu „s-au oferit voluntari." Şi nici nu au fost votați în vreun conciliu din Antiohia. Ei au fost aleşi printr-un mesaj venit din cer. Însuşi Duhul Sfânt i-a nominalizat.

Nu mă interesează dezbaterea despre *cum* vorbeşte Duhul Sfânt. Cu siguranță nu foloseşte doar o modalitate. Vreau să îmi păstrez atenția asupra faptului că Duhul trăieşte, nu este mort şi că El *vorbește*.

Da, ştiu că unii predicatori fără scrupule de astăzi pretind că „Domnul mi-a vorbit", când nici nu s-a întâmplat aşa ceva. Alții vor spune: „Am primit «cuvântul» că zece oameni dintre cei prezenți ar trebui să dea câte o mie de dolari fiecare pentru colectă." Aceasta poate fi doar o şmecherie pentru a colecta bani. Dacă Domnul chiar le-a vorbit, de ce nu le-a descoperit şi numele acelor persoane, ca întâlnirea să-şi poată continua cursul? Un astfel de comportament este abominabil. Ieremia 23 nu are decât cuvinte aspre pentru aceşti şarlatani:

> „Iată, zice Domnul, am necaz pe prorocii care iau cuvântul lor şi-l dau drept cuvânt al Meu. Iată, zice Domnul, am necaz pe cei ce prorocesc visuri neadevărate, care le istorisesc şi rătăcesc pe poporul Meu cu minciunile şi cu îndrăzneala lor; nu i-am trimis Eu, nu Eu le-am dat poruncă...
>
> ... atunci aşa vorbeşte Domnul... iată, vă voi uita şi vă voi lepăda, pe voi şi cetatea, pe care v-o dădusem vouă şi părinţilor voştri, vă voi arunca dinaintea Mea; şi voi pune peste voi o veşnică ocară şi o veşnică necinste, care nu se va uita."
>
> (Ieremia 23:31–32, 38–40)

Ce mustrare usturătoare pentru toţi cei care îşi ascund lăcomia şi dorinţa după putere în spatele cuvintelor „Aşa vorbeşte Domnul". E interesant cum această neruşinare e aproape întotdeauna legată de bani. Prin contrast, Petru a spus: „Argint şi aur n-am" (Fapte 3:6), dar cu siguranţă avea ceva nepreţuit de la Dumnezeu. Noi avem tocmai opusul în unele cercuri – predicatori goi spiritual, dar care trăiesc ca milionarii în timp ce-i curăţă pe oameni de bani prin tot felul de şiretlicuri pe care până şi cei din lume le recunosc. De ce să nu prezentăm simplu nevoia, aşa cum a făcut apostolul Pavel (vezi 2 Corinteni 8–9) şi să credem că Dumnezeu va revărsa un duh de generozitate asupra poporului Său?

Observaţi că însăşi condamnarea lui Ieremia împotriva profeţilor falşi vine sub forma unui cuvânt *adevărat* de la Domnul pentru profetul Său credincios. Dumnezeu *vorbeşte* împotriva celor care prorocesc minciuni şi care nu au fost inspiraţi de El. Satana încă mai încearcă prin distragerea atenţiei şi prin descurajare să ne îndepărteze de lucrarea autentică a Duhului.

Conducătorii din Antiohia nu au sărit să sune la agenţia de voiaj pentru Barnaba şi Saul imediat ce au primit călăuzirea Duhului Sfânt. Potrivit versetului 3 din Fapte 13 ei au postit şi s-au rugat *mai mult*. Apoi, „şi-au pus mâinile peste ei şi i-au lăsat să plece." Câtă consacrare şi devoţiune faţă de voia şi căile lui Dumnezeu!

Această consacrare a dat naştere unei cooperări minunate între conducerea bisericii şi activitatea Duhului, aşa cum vedem în versetul 4: „Barnaba şi Saul, *trimişi de Duhul Sfânt*, s-au coborât la Seleucia şi de acolo au plecat cu corabia la Cipru." Trimiterea lor de către biserică nu a fost decât o manifestare exterioară a trimiterii lor divine.

Eu cred că, dacă auzul nostru spiritual ar fi mai ascuţit astăzi, am auzi strigătul lui Dumnezeu Duhul Sfânt deasupra acoperişurilor bisericilor noastre, ale birourilor noastre, ale seminarielor şi ale agenţiilor misionare spunând: „Ascultaţi-Mă! Am un plan pentru voi. Eu ştiu cum trebuie să-Mi duc la capăt lucrarea. Opriţi-vă pentru un moment şi auziţi-Mi glasul."

Momentul adevărului

Barnaba şi Saul (numit acum Pavel) au ajuns pe insula mediteraneană Cipru şi au început să o străbată propovăduind această nouă Evanghelie despre un Mântuitor crucificat care a înviat apoi din morţi. După un timp, au ajuns într-un oraş numit Pafos.

Care a fost uşa deschisă pe care a găsit-o această echipă plină de Duhul şi călăuzită de El? Un oficial guvernamental roman numit Sergius Paulus i-a invitat să vină să-l vadă. Ce şansă nemaipomenită ... numai că dregătorul avea şi un alt invitat, un ocultist pe nume Elima, care contrazicea tot ce spuneau ei.

Oportunitate şi *opoziţie*: două cuvinte care încep cu acelaşi set de litere şi care adesea merg împreună. Să nu ne descurajăm când întâmpinăm opoziţie, deşi Dumnezeu a deschis o uşă să facem ceva pentru El. Se întâmplă tot timpul. La ce ne-am fi aşteptat din partea lui Satana – să ne aplaude?

Oportunitate și _opoziție_: două cuvinte care încep cu același set de litere și care adesea merg împreună. ✳

În acest moment de criză, „Pavel, fiind plin de Duhul Sfânt", a preluat controlul. Cuvintele lui Luca de aici sunt o copie la indigo a relatării lui anterioare despre Petru înaintea Soborului (Fapte 4:8), de care ne-am ocupat puțin mai devreme în această carte. Ambele confruntări au avut ca rezultat o revărsare proaspătă a puterii Duhului lui Dumnezeu.

În cinci propoziții de înalt voltaj Pavel a manifestat un puternic discernământ spiritual şi l-a mustrat cu asprime pe vrăjitor: „Om plin de toată viclenia şi de toată răutatea, fiul dracului, vrăjmaş al oricărei neprihăniri, nu mai încetezi tu să strâmbi căile drepte ale Domnului? Acum, iată că mâna Domnului este împotriva ta: vei fi orb şi nu vei vedea soarele până la o vreme" (Fapte 13:10–11).

Cât de ciudat sună pentru urechile noastre moderne. Noi i-am fi amintit probabil lui Pavel că era musafir în casa lui Sergius Paulus. Că trebuia să rămână politicos şi să folosească diplomația. La urma urmelor, ce fel de creştin era el? Nu este Dumnezeu un Dumnezeu al dragostei? Duhul ştie însă exact ce se potriveşte unei anumite situații, în acest caz fiind vorba de o mustrare îndrăzneață în ciuda atmosferei stânjenitoare.

Vă rog să remarcați că Pavel nu fusese deloc pregătit pentru aşa ceva. Nimic nu l-a anunțat în avans că va avea de a face cu un vrăjitor. Odată începută confruntarea, el nu s-a consultat nici cu Barnaba. Dar Pavel era echipat spiritual şi călăuzit de Duhul lui Dumnezeu, care de altfel l-a şi pus în această situație. Duhul i-a dat exact ceea ce trebuia să spună şi să facă, pentru că El era Cel care l-a trimis în această misiune.

În câteva secunde Elima a început să se clatine, a gemut şi a întins mâinile după ajutor. Celor din încăpere li s-a tăiat respirația. Sergius Paulus a crezut în acea zi în Cristos „şi a rămas uimit de învățătura Domnului" (v. 12). Cine nu s-ar fi îndreptat spre Domnul când *învățătura* era însoțită de o astfel de manifestare a puterii Duhului?

Poate vă gândiți că o astfel de confruntare cu puterea întunericului era specifică numai acelor timpuri – şi poate unor jungle îndepărtate, astăzi – dar cu siguranță nu Americii sofisticate. Dacă e aşa, ar trebui să v-o prezint pe Marissa Cunningham, o avocată stilată şi bine pregătită din biserica noastră care lucrează pentru un birou de avocatură din Manhattan. Ca şi Sergius Paulus, ea e sclipitoare, inteligentă şi talentată.

Cu cinci ani în urmă, pe când era încă la facultatea de drept din Rutgers, Marissa se afla pe marginea prăpastiei din cauza unor răsturnări din viața ei: divorț, creşterea fiicei sale, Gianina, de una singură, şi în special incapacitatea de a-şi găsi un loc de practică pentru perioada de vară, situație care i-ar fi afectat drumul spre absolvire. Nu ştia încotro să se îndrepte. Catolicismul de pe vremea copilăriei ei din Panama nu mai reprezenta o forță în viața ei şi nici religia Eckankar la care a fost expusă încă de când avea 12 ani.

Marissa se simțea pustiită. Curând a fost acoperită de o senzație vagă de întunecime spirituală. Gândul de a-şi pune capăt vieții o hărțuia din când în când, deşi era o optimistă din fire. Va reuşi să termine facultatea? Va fi capabilă să-şi înceapă o carieră sau se va prăbuşi totul ca un castel de cărți? Norii depresiei blocau orice rază de lumină din sufletul ei.

Într-o zi în timp ce se afla pe Fourth Avenue, în Brooklyn, pentru a-şi plăti telefonul, Marissa a văzut un nume familiar pe vitrina unui magazin: BOTANICA. Ştia că e un loc unde se ghicea norocul, după o formă de vrăjitorie din Caraibe, numită Santeria. S-a uitat pe geam şi a văzut că sala de aşteptare era plină.

A intrat şi a pus câteva întrebări. „Cum să nu, *curandero* nostru este excelent", au spus ei referindu-se la doctorul vrăjitor. „Sunt sigură că el v-ar putea ajuta." Marissa şi-a făcut programare pentru miercuri.

În ziua respectivă ea a intrat în camera de consultaţie şi a văzut un bărbat scund şi îndesat, la vreo 45 de ani. El a invitat-o să se aşeze. În scurt timp el îi vorbea de anumite evenimente specifice din trecutul ei. Marissa a rămas impresionată – mai ales când el a menţionat că ea avea o durere surdă în umărul stâng. Era foarte adevărat. A spus apoi numele unui prieten de-al ei şi i-a zis că această persoană făcuse vrăji împotriva ei. El era gata să îndepărteze blestemul, dar, bineînţeles, pentru un preţ.

Dacă Marissa revenea vineri cu 90 de dolari, el o va conduce printr-un ritual de curăţare. Vor lua un pui, îl vor freca de trupul Marissei „pentru a-i prelua mirosul" şi apoi îl vor ucide. După ce va fi scurs tot sângele, el îl va îngropa într-un cimitir. Acesta, a asigurat-o el, e răspunsul de care ea avea nevoie.

Ideea îi repugna Marissei, mai ales că, de când devenise vegetariană, se opunea uciderii animalelor, indiferent de motiv. Ceva nu era în regulă. Totuşi, dacă astfel îşi rezolva problema şi îşi elibera spiritul, poate că ar trebui să accepte, s-a gândit ea.

S-a întors acasă şi le-a spus prietenilor despre ce este vorba. „Dacă te ajută", i-au spus ei, „atunci poate că merită să încerci."

Marissa vizitase biserica noastră în trecut, o dată sau de două ori, de Paşti. Acum, în incertitudinea ei, s-a hotărât să treacă a doua zi pe la biroul nostru. „Vreau să stau de vorbă cu un pastor – cineva cu multă putere!", a insistat ea. S-a întâmplat ca niciun pastor să nu fie disponibil şi Marissa a ajuns să vorbească cu o femeie din personalul nostru, numită Elsie Lherisson. Elsie, care „întâmplător" crescuse în Haiti şi ştia totul despre Santeria, i-a spus Marissei că bunătatea lui Dumnezeu era mult mai puternică decât necazul ei personal şi că numai Dumnezeu avea puterea să o elibereze. A invitat-o să vină la orele de studiu biblic pentru începători din acea seară.

„Ştiu şi eu", a replicat Marissa sceptică. Dar pe măsură ce orele treceau, neliniştea ei legată de ritualul de a doua zi a crescut atât de mult, încât ea a revenit la biserică pentru studiu. A ajuns târziu, încăperea era plină şi singurul loc gol era lângă un bărbat cu blugii rupţi – cu siguranţă nu făcea parte din categoria socială pe care ar fi preferat-o Marissa. S-a silit pe sine însăşi să se aşeze acolo.

În pauză, între ei s-a înfiripat o conversaţie. Bărbatul s-a prezentat ca fiind John. „Cum ai ajuns aici?", a întrebat el. Marissa i-a spus despre vizita ei la *botanica* şi despre lucrurile neobişnuite care se întâmplau acolo.

Deschizându-şi Biblia la Efeseni 6, John a citit: „Căci noi n-avem de luptat împotriva cărnii şi sângelui, ci împotriva căpeteniilor, împotriva domniilor, împotriva stăpânitorilor întunericului acestui veac, împotriva duhurilor răutăţii care sunt în locurile cereşti."

„Satana are o adevărată putere", a continuat el. „De aceea ţi-a putut spune acel bărbat despre trecutul tău, despre durerea din umăr şi despre orice altceva. Dar există Cineva mai mare şi cu mult mai multă putere decât el."

„Cine?", a întrebat Marissa.

„Isus."

Până la sfârşitul serii, Marissa a simţit că acestor oameni le păsa cu adevărat de ea. Nu o considerau nebună pentru că s-a dus la un ghicitor; ei doreau să-i dea un răspuns mai bun. Curând a ajuns în cercul lui John, învăţătorul, a soţiei lui şi a altor câţiva. „Dumnezeu este bun şi El vrea lucruri bune pentru tine", a spus cineva. Ne vom ruga pentru tine acum, şi această rugăciune va însemna o schimbare a vieţii pentru tine. Nu e nevoie să ucizi un pui ca să-ţi rezolvi problema. Sângele de care ai nevoie a fost deja vărsat acum două mii de ani când Isus a murit pe cruce pentru tine. El te iubeşte,

Lui Îi pasă de tine şi îţi poate da eliberarea." A continuat apoi o rugăciune sinceră pentru iertare şi curăţare şi Marissa a păşit din întuneric în lumină.

Printre lacrimi, l-a auzit pe lider spunând: „Acum nu trebuie să-ţi mai fie teamă de duhuri sau blesteme, Marissa. Numele tău este scris în Cartea Vieţii în ceruri. Isus trăieşte în tine. El te iubeşte şi te va păzi."

Umblare în lumină

Marissa s-a întors acasă în acea seară de joi cu o sământă mică a credinţei în inimă. A doua zi a sărit peste programarea ei de la *botanica*, în schimb, duminica, a venit cu fiica ei la biserică.

Apropiindu-se de clădire, ea a zărit pe stradă un microbuz albastru, iar de pe scaunul pasagerului un bărbat se uita insistent la ea. Inima i s-a oprit o clipă când şi-a dat seama cine era: *curandero!* Iat-o îndreptându-se spre biserică şi în acelaşi moment însăşi întruchiparea răului îşi avea privirea asupra ei, cercetându-i fiecare mişcare.

A continuat să păşească fără şovăială şi a răsuflat uşurată în momentul în care a păşit peste pragul bisericii. Când am făcut invitaţia ca oamenii să vină în faţă pentru o rugăciune specială, ea a răspuns. Îngenunchind în mijlocul culoarului alături de ceilalţi, ea a început să plângă. „Ştiam în acel moment că Dumnezeu mă iubeşte şi că-Şi întinde mâna spre mine", îşi aminteşte ea. „A trebuit să Îl urmez. Am hotărât în acel moment că nu va mai exista nicio întoarcere înapoi. Trebuia să aflu mai multe despre Isus şi despre dragostea Lui."

În următoarele luni Marissa şi-a făcut ucenicia la noi. Astăzi ea este o credincioasă tare şi valoroasă pentru biserica noastră.

Lucrarea Evangheliei de acum trebuie să fie ceva mai mult decât istorioare, prezentări doctrinare şi cuvântări politicoase. Ea trebuie să poarte amprenta puterii vii a lui Dumnezeu. Ea trebuie să înfăţişeze un Duh Sfânt viu care este încă activ pe pământ. Auzim la nesfârşit despre ameninţarea crescândă a ocultismului şi despre influenţa lui Satana în oameni. Dacă Satana este viu şi activ pe pământ, nu ne putem aştepta ca şi Duhul atotputernic al lui Dumnezeu să lucreze?

Lucrarea Evangheliei de acum trebuie să fie ceva mai mult decât istorioare, prezentări doctrinare și cuvântări politicoase. Ea trebuie să poarte amprenta puterii vii a lui Dumnezeu. ✳

Despre aceasta vorbea autorul cărţii Evrei când a spus că mântuirea „a fost vestită mai întâi de Domnul" ... apoi a fost întărită de Dumnezeu „cu semne, puteri şi felurite minuni, şi cu darurile Duhului Sfânt, împărţite după voia Sa" (Evrei 2:3–4). Cu alte cuvinte, antidotul la planurile lui Satana este o îmbinare între două lucruri: Cuvântul lui Dumnezeu şi manifestarea puterii Duhului Sfânt.

Străinii care vizitează bisericile noastre trebuie să *vadă* că se întâmplă ceva care să aducă întăriri mesajului mântuirii. Ei trebuie să întâlnească oameni scăpaţi de băutură, familii reunite, foşti homosexuali care acum sunt normali, bolnavi care au fost vindecaţi – *ceva* care să poarte mărturia unui Salvator viu şi plin de putere.

Să ne rugăm mai aprins ca niciodată: „Doamne, coboară la noi şi *lucrează cu* cuvântul pe care îl propovăduim. Lucrează atunci când noi aducem mesajul pe care Tu ni l-ai dat." Trebuie să ne schimbăm agendele personale şi bisericeşti atât de încărcate şi să ne facem timp pentru ceea ce a făcut biserica din Antiohia „pe când slujeau Domnului" (Fapte 13:2). Dumnezeu va răspunde cu credincioşie nevoii noastre crescânde după El atunci când stăm în prezenţa Lui, ne rugăm şi postim.

În cartea *Vânt proaspăt, foc proaspăt* am vorbit despre Daniel Nash, bărbatul umil care se retrăgea în rugăciune ori de câte ori marele evanghelist Charles G. Finney mergea să predice. Ultima scrisoare pe care Nash a scris-o înainte de moarte în 1831 conține acest pasaj mișcător:

> De când ați fost aici m-am tot gândit la rugăciune – în special la rugăciunea pentru Duhul Sfânt și coborârea Lui. Mi se pare că totdeauna L-am limitat pe Dumnezeu în această cerere... nu am simțit niciodată, până când nu ați plecat dumneavoastră, că aș putea să cer în mod rațional ca întreaga influență a Duhului să coboare; nu numai peste câțiva oameni, ci peste un întreg popor, regiune, țară și lume. M-am pregătit să fac acest lucru sâmbătă, dar diavolul a fost foarte furios pe mine ieri pentru aceasta. Acum sunt convins că este datoria și privilegiul meu, precum și datoria oricărui alt creștin să se roage pentru aceeași măsură de Duh Sfânt cât a coborât în ziua Cincizecimii, ba chiar mai mult. Nu știu de ce nu am putea cere ca întreaga influență a Duhului să se reverse și cerând prin credință să vedem răspunsul deplin.[3]

Eu și soția mea, Carol, împreună cu întregul personal pastoral am ajuns, cu mult timp în urmă, la concluzia că fără Duhul Sfânt, lucrarea noastră la Brooklyn este fără speranță. Nu posedăm în noi înșine talentul sau capacitatea de a face această lucrare. Numai Duhul lui Dumnezeu ne poate ajuta să facem o schimbare în jurul nostru.

Duhul *este aici pe pământ,* așteptând să răspundă dorinței inimii noastre ca El să se reverse cu o putere proaspătă asupra noastră. Atunci vom vedea profunzimea vechilor imnuri pe care le cântăm adesea în biserica noastră:

Dumnezeu lucrează prin Duhul Său,
Lucreză pe tot pământul;
Semne și minuni când Dumnezeu lucrează;
Lucrează, o, Doamne, în mine.[4]

Capitolul 10

Bucurie şi încă ceva mai mult

În orice librărie creştină aţi intra zilele acestea, găsiţi o abundenţă de titluri care nu încearcă altceva decât să-i scoată pe creştini din „melancolie". Depresia pare să fie subiectul la ordinea zilei în comunitatea creştină. Sociologul George Barna spune că cei ce merg la biserică înghit aproape tot atât de multe antidepresive ca şi vecinii lor.

Nu e o reclamă tocmai bună pentru Isus care spune: „Eu am venit ca oile să aibă viaţă şi s-o aibă din belşug ... cereţi, şi veţi căpăta, pentru ca bucuria voastră să fie deplină" (Ioan 10:10; 16:24).

Dar în loc să fim cunoscuţi ca nişte oameni bucuroşi, noi adoptăm adesea o mentalitate de victimă. Am auzit de repetate ori de-a lungul anilor: „Pentru că mi s-au întâmplat aceste lucruri în copilărie ... pentru că am fost desconsiderat în vechea biserică ... din cauza presiunilor din viaţa mea pe care nimeni altcineva nu le poate simţi ... am dreptul să mă supăr şi să mă îmbufnez." Mare parte a presiunii cu care au de a face pastorii din ziua de azi vine de la încercarea de a lucra cu oameni care mereu se simt neînţeleşi sau desconsideraţi.

Această stare de fapt este într-un contrast izbitor cu atitudinea spirituală şi mentală a noilor creştini din Antiohia Pisidiei, o cetate pe care Pavel a vizitat-o în prima lui călătorie misionară. Luca rezumă atitudinea acelei biserici nou-născute în cuvinte pe care noi aproape că nu le mai auzim deloc astăzi: „Ucenicii erau plini de bucurie şi de Duhul Sfânt" (Fapte 13:52). Notaţi, vă rog, că această descriere succintă se concentrează numai asupra stării spirituale a celor câştigaţi recent pentru Cristos. Câţi dintre conducătorii bisericii gândesc în aceşti termeni atunci când discută despre lucrarea lui Dumnezeu? Pentru ei e important numărul celor care participă şi bugetul. Mă tem că am pierdut esenţialul.

S-ar putea să fiţi ispitiţi la prima privire să presupuneţi că cei din Antiohia erau încă purtaţi de valul iniţial de entuziasm de după mântuire. Sunt în flăcări la început, dar probabil că se vor domoli în câteva luni, nu-i aşa?

Oamenii au început să se deschidă pentru Evanghelie ca răspuns la predicile lui Pavel din sinagogă. Apostolii „stăteau de vorbă cu ei şi-i îndemnau *să stăruiască în harul lui Dumnezeu*" (v. 43). Nu se spune că acestor oameni li s-ar fi dat 20 de legi de conduită creştină sau că li s-ar fi cerut să facă o serie de promisiuni şi juruinţe că „vor trăi cum se cuvine". Ei au întărit prin viaţa lor faptul că Dumnezeu era la lucru prin călăuzirea delicată a Duhului Sfânt. Aceasta era esenţa Noului Legământ, iar cei întorşi de curând puteau să continue în sinceritate şi încredere.

Dumnezeu la lucru

Harul este în Noul Testament un cuvânt bogat şi cu multe faţete. Unul dintre principalele lui înţelesuri este că Dumnezeu, prin Duhul Sfânt, face pentru noi ceea ce noi nu putem. Fie că este vorba de biruinţa asupra unor obiceiuri păcătoase, de predicare, predare, conducerea unui cor, sau de a fi un partener evlavios în familie, noi nu putem avea succes fără harul lui Dumnezeu. Aşa cum Pavel a scris în Filipeni 2:13: „Căci Dumnezeu este *Acela care lucrează în voi* şi vă dă, după plăcerea Lui, şi voinţa, şi înfăptuirea." Observaţi că avem nevoie de ajutorul lui Dumnezeu nu numai în *înfăptuire,* ci şi în *voinţa* de a merge pe căile Lui.

Apostolii au vrut ca locuitorii din Antiohia să-L lase pe Dumnezeul cel viu să lucreze în viețile lor, în relațiile lor, în strădaniile lor. Prin aceasta se subliniază că esența trăirii creștine este supranaturală. Celor care au fost iertați de păcat li s-a dat şi Duhul Sfânt, care duce acum mai departe lucrarea mântuirii din sufletele lor.

Mulți dintre noi sunt ispitiți să cadă în „creștinismului vechi-testamentar". Recunosc că această propoziție este un oximoron, nici nu e de mirare că nu funcționează. ✳

Acesta este antidotul împotriva „creştinismului vechi-testamentar" în care mulți dintre noi sunt ispitiți să cadă. Recunosc că această propoziție este un oximoron, nici nu e de mirare că nu funcționează. Se pare că nu înțelegem deosebirea radicală a Noului Legământ. Evrei 8:7–10 spune:

> În adevăr, dacă legământul dintâi ar fi fost fără cusur, n-ar mai fi fost vorba să fie înlocuit cu un al doilea. Căci ca o mustrare a zis Dumnezeu lui Israel:
>
> „Iată vin zile, zice Domnul, când voi face cu casa lui Israel şi cu casa lui Iuda un legământ nou; *nu* ca legământul pe care l-am făcut cu părinții lor în ziua când i-am apucat de mână ca să-i scot din țara Egiptului. Pentru că n-au rămas în legământul Meu şi nici Mie nu Mi-a păsat de ei, zice Domnul.
>
> Dar iată legământul pe care-l voi face cu casa lui Israel după acele zile, zice Domnul: voi pune legile Mele *în mintea lor* şi le voi scrie *în inimile lor*; Eu voi fi Dumnezeul lor, şi ei vor fi poporul Meu."

Nu Dumnezeu era vinovat că Vechiul Legământ nu mai funcționa, ci omenirea care era atât de distrusă de păcat, încât oamenii erau incapabili să țină poruncile sfinte ale lui Dumnezeu, oricât de mult ar fi încercat. De aceea nu va mai fi

„ca legământul pe care l-am făcut cu părinții lor." Era nevoie de ceva cu totul nou, construit pe o bază complet diferită.

Este vorba de ceva mai mult decât un set de desene schematice pe o tablă teologică. Pentru a înțelege pe deplin Noul Legământ, noi trebuie să înțelegem cine e Duhul Sfânt şi ce face El. Vechiul Legământ caracterizat de Legea dată lui Moise era un set de porunci venite din afară. Noul Legământ este despre moartea lui Cristos şi învierea Lui, urmate de trimiterea Duhului Sfânt care să lucreze *în* noi prin har şi putere.

Nimeni nu punea la îndoială vechile porunci; ele au fost scrise de însuşi degetul lui Dumnezeu. Dar ori de câte ori ar fi promis oamenii că vor încerca să asculte, tot eşuau. Slăvit să fie Dumnezeu că L-a trimis pe Duhul Sfânt care să aducă *în* noi, cei care L-am primit pe Cristos ca Mântuitor şi Domn, adevărata schimbare.

Când Dumnezeu a pus prin Duhul legile Lui în minţile noastre (Evrei 8:10), El ne-a remodelat însuşi procesul de gândire. El ajunge până la izvoarele dorinţei şi ale dorului atunci când le scrie în inimile noastre. Acesta este singurul mod prin care trăirea creştină poate înainta.

Altfel, suntem condamnaţi să venim mereu la Dumnezeu şi să spunem: „Iar am greşit. Mai repetă-mi încă o dată legile acelea, Te rog, şi promit că de data aceasta le voi respecta..." Câţi creştini nu se străduiesc astăzi să trăiească după Vechiul Legământ pentru a-şi arăta recunoştinţa faţă de Isus, Cel care a adus pe pământ Noul Legământ? Dar e în zadar. Este contrar cuvintelor din Ezechiel 11:19–20 (NTR) unde Domnul promite: Le voi da o inimă neîmpărţită şi voi pune în ei un duh nou. Voi scoate inima de piatră din trupul lor şi le voi da o inimă de carne, ca astfel să urmeze hotărârile Mele, şi totodată să păzească şi să împlinească rânduielile Mele. Vor fi poporul Meu, iar Eu voi fi Dumnezeul lor."

Puterea de a fi altfel vine din cer, nu din sforțările noastre. Duhul Sfânt a fost dat, așa cum se specifică și în numele Lui, pentru ca noi să putem trăi o viață sfântă pentru Dumnezeu. ✷

Puterea de a fi altfel vine din cer, nu din sforţările noastre. Duhul *Sfânt* a fost dat, aşa cum se specifică şi în numele Lui, pentru ca noi să putem trăi o viaţă *sfântă* pentru Dumnezeu. Oricare altă sursă sau sistem, indiferent cât de religios ar suna, este un fals şi va duce la înfrângere din cauza impulsurilor cărnii şi ale naturii noastre păcătoase. Puterea Duhului Sfânt nu este o *opţiune* pentru cei care doresc cu disperare să fie ca Cristos; El este singurul răspuns. Trebuie să ne debarasăm de ideea, atât de vehiculată în jurul nostru că viaţa creştină începe cu o naştere din nou supranaturală, păcatul este şters, conştiinţa este curăţată – dar apoi depinde de noi cât de tare ne străduim să fim buni şi să ascultăm de poruncile lui Dumnezeu. Aceasta este lucrarea lui Dumnezeu, de la început până la sfârşit. Aşa cum iertarea vine *numai* prin lucrarea lui Cristos de la Golgota şi trăirea de zi cu zi pentru Domnul poate fi *numai* prin Duhul. Acesta este minunatul sens al versetului care zice: „Scăparea (mântuirea) celor neprihăniţi" – în întregimea ei – „vine de la Domnul" (Psalmul 37:39).

Cuvântul care desparte

Tot ce am spus până acum are menirea de a arăta cum i-au echipat Pavel şi Barnaba pe nou-credincioşii din Antiohia. Peste o săptămână, „aproape toată cetatea s-a adunat ca să audă Cuvântul lui Dumnezeu" (Fapte 13:44). Se părea că o mare trezire va avea loc.

Dar necazurile şi-au scos din nou capul. „Iudeii, când au văzut noroadele, s-au umplut de pizmă, vorbeau împotriva celor spuse de Pavel şi-l batjocoreau" (v. 45). Aceasta e o dovadă că nici predicatorii de calibrul apostolului Pavel nu-i câştigă pe toţi oamenii pentru Cristos. Unii au refuzat din start să îl asculte, ba chiar au început să-l hărţuiască. Şi aceşti împotrivitori nu erau din păturile de jos ale societăţii; ci „femei cucernice cu vază şi fruntaşii cetăţii" (v. 50).

Am participat odată la o conferinţă unde un învăţător ce părea plin de curaj şi de credinţă a declarat că „Pavel nu a părăsit niciodată nicio cetate până când nu erau toţi aduşi la Cristos." Lucrătorii tineri şi sinceri erau impresionaţi şi luau de zor notiţe. Ar fi fost mai bine să-şi amintească prima întrebare în evaluarea unei predicii (sau a unei cărţi): *Apare acest lucru în Biblie? Ce spune Scriptura?*

Se vede că vorbitorul s-a încurcat în încercarea lui de a descrie „evanghelizarea dinamică". Mesajul Evangheliei va atrage întotdeauna după sine împotrivire şi respingere, fie că e vorba de Brooklyn sau de Bangkok. Acest adevăr e valabil chiar şi atunci când Dumnezeu face minuni. Amintiţi-vă că Isus a fost adesea respins de cetăţile în care a făcut cele mai mari minuni. „Vai de tine, Horazine! Vai de tine, Betsaido!", a spus El. „Căci dacă ar fi fost făcute în Tir şi Sidon lucrările puternice care au fost făcute în voi, de mult s-ar fi pocăit stând în sac şi cenuşă" (Luca 10:13).

Mesajul Evangheliei va atrage întotdeauna după sine împotrivire și respingere, fie că e vorba de Brooklyn sau de Bangkok. Acest adevăr e valabil chiar și atunci când Dumnezeu face minuni.

Unul dintre elementele caracteristice Cuvântului lui Dumnezeu este să despartă; nu degeaba îl numeşte Evrei „o sabie cu două tăişuri". Aşa cum realistul Pavel a scris câţiva ani mai târziu despre aceste evenimente din Antiohia: „Căci, pentru Dumnezeu, noi suntem mireasma lui Cristos printre cei ce sunt mântuiţi şi printre cei ce pier; pentru aceştia – o mireasmă de la moarte spre moarte, iar pentru aceia –

o mireasmă de la viață spre viață. Şi cine este destoinic pentru aceste lucruri?" (2 Corinteni 2:15–16, NTR). Această stare de fapt nu ar trebui să domolească vreodată entuziasmul nostru în lucrarea lui Dumnezeu. Încă ne mai aşteaptă recolte bogate atunci când transmitem mesajul lui Cristos cu ajutorul Duhului.

Cred că dacă unii predicatori ar avea de a face cu o campanie crescândă de batjocuri şi insulte din partea celor în putere, unii dintre ei ar începe să aibă îndoieli. *Am spus ceva ce nu trebuia? Cum aș putea să-i aduc înapoi? Poate ar trebui să schimb mesajul. Chiar m-a trimis Dumnezeu aici? Am putea prezenta o piesă care să nu se concentreze atât de mult asupra Numelui lui Isus. Nu par să fie încă pregătiți pentru Evanghelie. Ea e cea care provoacă atâta conflict...*

Pavel şi Barnaba nu au avut aceste îndoieli. Cu îndrăzneala dată de Duhul Sfânt ei le-au spus iudeilor: „Cuvântul lui Dumnezeu trebuia vestit mai întâi vouă; dar fiindcă voi nu-l primiți şi singuri vă judecați nevrednici de viața veşnică, iată că ne întoarcem spre neamuri" (Fapte 13:46).

Ce diferență comparativ cu „mentalitatea de piață" pe care o avem astăzi în biserică, satisfăcând mereu dorințele şi preferințele unui anumit public. Prea mulți pastori au devenit ca realizatorul unei emisiuni televizate şi difuzate în direct noaptea târziu, care verifică mereu ratingul Nielsen (sistem de evaluare a audienței, n.ed.) să vadă dacă emisiunea e cu un pas înaintea competiției. Ce ar spune curajoşii Pavel şi Barnaba despre propovăduirea noastră modernă şi molâie?

Pe mine nu mă veți convinge niciodată că noi suntem astăzi mai pricepuți, mai bine puşi la punct cu noutățile sau „mai apropiați de oameni" decât crudul stil vechi. Dacă aşa stau lucrurile, unde sunt rezultatele spirituale? Unde sunt cei întorşi de curând care au fost schimbați într-un mod supranatural, botezurile în masă, întâlnirile de rugăciune înflăcărate, setea după sfințenie? Unde ne duce istețimea noastră? Devine America mai evlavioasă cu fiecare deceniu care trece?

Bineînțeles că neamurile din Antiohia s-au bucurat de anunțul apostolilor, şi în foarte scurt timp „Cuvântul Domnului se răspândea în toată țara" (v. 49). Asta nu i-a împiedicat pe duşmanii dintre cei cu vază să-şi ducă la îndeplinire planurile. Ei au reuşit să-i alunge pe Pavel şi Barnaba din cetate.

Pe mine nu mă veți convinge niciodată că noi suntem astăzi mai pricepuți, mai bine puşi la punct cu noutățile sau „mai apropiați de oameni" decât crudul stil vechi. Dacă aşa stau lucrurile, unde sunt rezultatele spirituale? ✳

Oamenii de rând din Antiohia au rămas singuri şi vulnerabili. Ei nu aveau pe nimeni care să le apere pricina în guvern. Credința lor în Isus Cristos era încă nouă şi fragilă. Iar liderii lor spirituali plecaseră, alungați într-un nor de controversă. Nu le-a fost lăsată nicio carte pe care să o studieze. Nu aveau o formă juridică sau vreo clădire cu turlă. Opoziția era puternică.

Cum credeți că s-au simțit ei? Plini de teamă? Abandonați? Nesiguri? Deznădăjduiți? A spus cineva: „Să uităm de Isus. Ştiți, nu-mi pot permite să-mi pierd slujba. Nu mai suntem în siguranță. Poate ne-am aprins prea repede..."?

Acesta este cadrul pentru relatarea uimitoare a lui Luca: „În timp ce ucenicii erau din ce în ce mai plini de bucurie şi de Duhul Sfânt!" (v. 52, traducerea Weymouth, n.ed.). Ce mustrare pentru gândirea noastră modernă, pentru duhurile acre şi pentru atitudinile de deznădejde. Dacă aceşti nou-credincioşi se puteau bucura astfel în Dumnezeul mântuirii lor, atunci care ar putea fi problema *noastră*?

Pentru aceasta există Duhul Sfânt. El poate birui mediile ostile şi ne poate umple mereu şi mereu de bucurie. El ne ajută să mergem împotriva celui mai puternic curent.

Bucurie în momentele cele mai grele

Mulţi cititori ai Bibliei nu-şi dau seama că acest grup din Antiohia a fost una dintre bisericile din provincia Galatia, cărora Pavel le-a scris mai târziu acest pasaj bine cunoscut: „Roada Duhului ... este: dragostea, *bucuria*, pacea, îndelunga răbdare, bunătatea, facerea de bine, credincioşia, blândeţea, înfrânarea poftelor. Împotriva acestor lucruri nu este lege ... Dacă trăim prin Duhul, să şi umblăm prin Duhul" (Galateni 5:22–23, 25).

Aceste nouă trăsături minunate nu sunt produse de voi sau de mine, ci de Duhul Sfânt. Dacă cineva spune despre tine că eşti o persoană *iubitoare*, creditul nu-ţi aparţine. Ci este rezultatul Duhului care locuieşte în tine şi care produce un caracter asemenea lui Cristos. La fel, este adevărat şi pentru *bucuria* în faţa piedicilor, *pacea* din faţa necazurilor şi pentru tot restul listei.

Dacă am fost născuţi din nou de Duhul, singurul mod de a creşte şi a fi mai mult ca Isus este prin puterea aceluiaşi Duh. El ne va transforma treptat după chipul Fiului lui Dumnezeu pe măsură ce „ţinem pasul cu El" şi îi urmăm mişcările pe drumul de zi cu zi.

Robin Giles, o femeie la vreo treizeci şi cinci de ani, este una dintre solistele corului nostru. Lucrează ca secretară şi locuieşte singură nu departe de biserică. Eu şi Carol îi apreciem mult sinceritatea şi duhul blând. Mai ales roadele păcii, ale bunătăţii şi blândeţii sunt evidente în viaţa ei, împreună cu bucuria în Domnul. Acea bucurie este transmisă într-un mod minunat atunci când Robin cântă, indiferent de cântare.

Este cu adevărat uimitor, dată fiind atmosfera nesănătoasă în care ea a crescut în Cleveland. Încă de când s-a născut, Robin a fost o „greşeală". Mama ei, de 21 de ani şi necăsătorită, îl ura pe tatăl lui Robin şi trăia într-o stare de perpetuă furie împotriva fiicei de care nu mai putea scăpa acum.

„Am crescut într-o casă a fricii", spune Robin. A fost lovită, bătută şi se ţipa mereu la ea încă din primii ani. „Nu-mi amintesc să fi primit măcar o singură îmbrăţişare sau un singur sărut. Cuvintele pe care le-am auzit cel mai adesea erau: «Eşti o proastă!» «Strici toate lucrurile pe care pui mâna.» «Mai bine ai fi murit!»"

După un timp, mama lui Robin s-a căsătorit cu un bărbat mai în vârstă, macaragiu, a cărui prezenţă tempera ieşirile furioase din familie. Însă Robin se temea pentru viaţa ei, ori de câte ori tatăl ei vitreg lipsea. A fost ameninţată, şi nu o singură dată, cu arma. Într-o zi, când avea nouă ani şi mama ei a început să o ocărască, micuţa s-a ascuns într-un dulap mare.

„Ieşi de-acolo, imediat!" a ţipat mama ei

Robin a rămas ghemuită, ţinându-şi respiraţia.

Ţipetele mamei ei au încetat şi i s-a părut că plecase. Atunci a deschis încet uşa să vadă dacă furtuna încetase. Ieşind din dulap, Robin s-a uitat spre bucătărie şi a văzut-o pe mama ei încălzind pe maşina de gătit o formă de metal pentru prăjituri.

Femeia s-a întors pe neaşteptate şi s-a îndreptat ca fulgerul în direcţia ei. Robin a căutat din nou scăparea în dulap, însă nu a ajuns acolo la timp. Curând, pielea de pe braţul ei s-a auzit sfârâind în contact cu metalul fierbinte.

„Mamă, te rog!" a strigat ea. „Nu mă răni!"

Mama s-a oprit atunci din atac. În câteva minute a venit cu un sul de tifon şi a început să-i bandajeze rana, continuând să o certe: „Vezi la ce mă provoci?!"

De fapt, Robin era tocmai opusul unui copil provocator. La şcoală avea numai note mari, era liniştită, citea mult şi încerca din răsputeri să fie pe plac. Însă nimic nu putea domoli furia mamei ei.

Câteva zile mai târziu, la şcoală, profesorul de educaţie fizică a întrebat-o: „Robin, ce-ai păţit la braţ?" Micuţa ar fi vrut să spună adevărul, însă îi era frică. Aşa că a îngânat o scuză.

Când Robin a împlinit doisprezece ani, tatăl ei vitreg a suferit un nou atac de cord şi a murit, lăsând-o neprotejată. Într-o seară de vară mama ei a surprins-o vorbind de la intrare cu un băiat care trecea prin faţa casei lor şi s-a aruncat asupra ei în modul cel mai brutal de până atunci. A bătut-o pe Robin cu un cablu electric îndoit în două până când i-au apărut răni deschise în cap şi pe braţe. La sfârşit singurele ei cuvinte au fost: „Acum du-te şi spală vasele."

Pentru Robin aceasta a fost ultima picătură. A fugit la o prietenă unde a stat două săptămâni. Dar s-a predat, când a aflat că s-a eliberat un mandat de arestare pe numele ei, sperând din toată inima că autorităţile îi vor asculta povestea şi o vor ajuta. Spre stupoarea ei, în loc să fie ajutată a fost închisă timp de trei luni într-un centru de corecţie. Amărăciunea a început să prindă rădăcini în inima ei.

Ce v-aţi aştepta să ajungă această tânără în viaţă? Ce şanse i-aţi da voi, ţinând cont de acest început înfiorător, de această respingere ce depăşeşte orice imaginaţie din partea celei care ar fi trebuit să o iubească necondiţionat? Acesta este un caz tipic de fugari care vin în New York şi ajung în staţiile de pe Eighth Avenue şi Forty-first Street. Vânzătorii de droguri şi proxeneţii îi recunosc dintr-o privire. Aceşti prădători de oameni le câştigă uşor încrederea şi în scurt timp îi introduc în lumea drogurilor sau îi fac să-şi vândă trupurile.

Îndepărtarea veninului

Următorii unsprezece ani au însemnat pentru Robin un drum greu, pavat cu îndoieli, depresie, încrâncenări faţă de nedreptăţile vieţii, relaţii iresponsabile şi chiar o tentativă de sinucidere. În ciuda ajutorului primit din partea familiei în grija căreia a fost dată în timpul liceului „eu eram cu capsa pusă", recunoaşte ea. Abia pe la douăzeci şi cinci de ani, un prieten de la serviciu a invitat-o la biserică şi a îndrumat-o spre un Mântuitor care o iubea cu adevărat şi în care putea avea încredere. Când s-a mutat la New York, câţiva ani mai târziu, pastorul ei din Cleveland i-a recomandat biserica noastră, şi de atunci este o bucurie pentru noi să o avem aici.

Ea este un exemplu viu al capacităţii lui Isus de a elibera captivii şi de a vindeca inimile frânte. „Dumnezeu a îndepărtat veninul din trecutul meu", spune ea. Amintirile comportamentului mamei mele m-au împiedicat multă vreme să experimentez o viaţă din abundenţă. Dar într-o zi mi-am dat seama că Dumnezeu mi-a schimbat atitudinea faţă de ea. O urâsem atât de mult timp. Dumnezeu a îndepărtat în totalitate acea ură."

Însă Dumnezeu este mai tare decât orice abuz. Duhul Sfânt are puterea să înlăture chiar și cel mai înverșunat resentiment. El vine cu puterea Lui în viețile celor încărcați de probleme și produce ceva frumos.

Femeia tot nu vrea să aibă nimic de a face cu fiica ei. Refuză până şi să-i dea lui Robin adresa ei curentă din Cleveland. Uneori răspunde, alteori nu atunci când Robin îi trimite câte un mesaj printr-un vecin care îi este prieten. Mama nu şi-a auzit niciodată fata cântând cu corul nostru.

„Dar încă mă rog pentru ea", spune Robin. „Şi aştept cu nerăbdare ziua când poate va întâlni pe cineva care să o conducă la Domnul.

„Între timp, Dumnezeu este atât de bun cu mine. El a adus în viaţa mea mulţi oameni care să-mi fie mame şi taţi. Sunt binecuvântată peste măsură."

După o experienţă de 28 de ani în lucrare, vă pot spune că este mai greu să vindeci o astfel de rană decât să zdrobeşti puterea cocainei crack. Mulţi ar spune că Robin are tot dreptul să fie plină de amărăciune. Ceea ce a făcut mama ei – şi continuă încă să facă–este absolut îngrozitor. Robin Giles ar fi putut deveni un dezastru.

Însă Dumnezeu este mai tare decât orice abuz. Duhul Sfânt are puterea să înlăture chiar şi cel mai înverşunat resentiment. El vine cu puterea Lui în vieţile celor încărcaţi de probleme şi produce ceva frumos.

S-a întâmplat să fie Ziua Independenţei, atunci când, într-o duminică seara, am rugat-o pe Robin să-şi depună mărturia. Referindu-se la acea zi de sărbătoare, ea a spus: „Domnul mi-a dat libertatea; El m-a eliberat de trecutul *meu* şi îi sunt atât de recunoscătoare!" Apoi, pe măsură ce lacrimile se adunau în ochii mei şi a multora din cei prezenţi, ea a cântat partea de solo dintr-un cântec pe care Carol l-a scris pentru cor în 1987:

Când te lasă toată puterea
Când prietenii pe care îi ai
Nu pot auzi strigătul înăbușit
Sau durerea ținută în adâncuri,
Isus este tot ce-ți trebuie.

Când norii amenință, iar lumina scade,
Chemarea Lui e să privești spre El.
Rugăciunea ta simplă Îi va atinge inima,
Și pacea Lui perfectă El însuși ți-o va da.
Isus este tot ce-ți trebuie.

Refren: *Isus este tot ce-ți trebuie,*
Tot ce-ți trebuie e Dumnezeu.
Aruncă-ți poverile la picioarele Celui ce-ascultă rugile.
Tot ce-ți trebuie e Dumnezeu.[1]

Dumnezeu declară că „bucuria Domnului va fi tăria voastră" (Neemia 8:10). A umbla fără bucurie şi în deznădejde înseamnă, prin definiţie, a pierde tăria şi vitalitatea necesare provocărilor vieţii cu care toţi avem de a face. Isus ştie din propria Sa experienţă umană de pe acest pământ că încercările, presiunile şi ispitele trag sufletele noastre în jos cu o forţă considerabilă – de aceea El este credincios. Duhul Sfânt a fost trimis să ne țină capul sus, indiferent de situațiile în care ne aflăm, şi să ducă la îndeplinire cuvântul rostit de profet cu atât de mult timp în urmă: „O bucurie veşnică le va încununa capul; îi va apuca veselia şi bucuria, iar durerea şi gemetele vor fugi" (Isaia 51:11).

Capitolul 11

Prin multe greutăţi

Imaginaţi-vă că sună telefonul într-o zi şi primiţi o veste uluitoare. O voce tânără şi plăcută vă anunţă: „Sunt de la firma Carol Joy. Vă mai amintiţi că v-aţi înregistrat luna trecută la noi pentru a câştiga o vacanţă de o lună, plătită în totalitate, într-o localitate de ţară din Anglia? Surpriză – dumneavoastră sunteţi câştigătorul!"

Probabil că veţi începe să strigaţi de bucurie şi să faceţi paşi de dans prin cameră. „Vorbiţi serios?! Nu-mi vine să cred! În viaţa mea n-am câştigat nimic!"

Mintea vi se umple imediat de imagini cu dealuri verzi şi unduitoare pe care le-aţi văzut pe afişele de la firmă ... căsuţe drăguţe cu acoperişuri de stuf ... străzi înguste şi pavate ... turme care pasc liniştit în văi ... garduri de piatră ... magazine încântătoare. Toate acestea pot fi acum ale dumneavoastră: un pachet complet de transport, cazare, masă şi activităţi.

„Veniţi la sediul nostru mâine la ora 11 şi vă vom da toate detaliile", continuă reprezentanta firmei. Vă dictează adresa şi apoi închide.

Abia puteţi închide un ochi în acea noapte. Veţi merge în vacanţă pe gratis! Extazul vă este încă puternic a doua zi dimineaţa.

Când în sfârşit vă aşezaţi la celălalt capăt al biroului, femeia vă confirmă adevărul din discuţia telefonică de ieri – da, chiar aţi câştigat o lună de relaxare în Anglia. Vă verifică actul de identitate şi apoi îşi notează datele esenţiale. În cele din urmă, ea începe să vădea detalii.

„Deci, pe 17 mai aveţi zborul la 19:40 din aeroportul Kennedy, aşa că va trebui să fiţi acolo la 17:30", spune ea.

„Aeroportul Kennedy?", întrebaţi, încruntând din sprâncene. „Nu-mi place aeroportul. E greu de ajuns acolo de unde locuiesc, mai ales în traficul de la acea oră. Credeam că aţi zis că voi obţine o vacanţă gratis în Anglia."

„Păi, ea începe cu zborul pe care trebuie să-l prindeţi de la aeroportul Kennedy", vă dă ea replica. „Va trebui să aşteptaţi la rând, să vă prezentaţi bagajele, să arătaţi paşaportul şi apoi după ce avionul decolează, veţi zbura toată noaptea spre Londra. Probabil că nu veţi putea dormi foarte bine pe scaunele acelea înguste, dar asta e..."

„Nu-mi place cum sună", vă plângeţi dumneavoastră. „Dacă se prăbuşeşte avionul în ocean?"

Femeia îşi dă ochii peste cap. „Ştiţi ce, nu se va prăbuşi."

„Mi-e frică să zbor."

Ea vă ignoră. „Apoi veţi ajunge în aeroportul Heathrow din Londra—"

„Staţi aşa puţin! Aţi spus că voi merge la ţară în Anglia."

„Da, dar mai întâi va trebui să vă aşezaţi la o coadă lungă la punctele de vamă din aeroport. Când, într-un final veţi ajunge în faţă, vă vor pune câteva întrebări şi vă vor ştampila paşaportul. Apoi va trebui să vă ridicaţi bagajele şi să le căraţi până la autobuzul care vă va duce în oraş, de unde veţi prinde trenul. E o călătorie de trei ore cu trenul şi apoi, veţi ajunge în sfârşit la hotelul dumneavoastră."

Acum sunteţi deja iritat. „Nu vreau să fac toate acestea", continuaţi dumneavoastră. „Nu vreau decât să ies din casă şi să păşesc direct în sătucul din Anglia."

În acest moment femeia este probabil gata să vă dea afară şi să aleagă un nou câştigător!

Realități

Toți am întâlnit creştini, şi nu puțini, care aşteaptă ca drumul lor spre cer să fie o călătorie lină din momentul în care L-au acceptat pe Cristos până la porțile de mărgăritar - mai ales aici în America unde cultura este orientată exagerat spre tot ce oferă plăcere. Drept rezultat, credincioşii în Cristos şi-au pierdut perspectiva asupra a ceea ce înseamnă o viață evlavioasă. Din nefericire, mulți predicatori ai Evangheliei îşi aduc aportul la menținerea acestei probleme, de vreme ce, cu bună ştiință, omit părțile dificile ale vieții spirituale.

Nu puțini creştini se aşteaptă ca drumul lor spre cer să fie o călătorie lină din momentul în care L-au acceptat pe Cristos până la porțile de mărgăritar. ✳

Nu ne oprim prea mult asupra pasajelor de genul celui de mai jos şi în special asupra părților pe care le-am subliniat:

> În Iconia, Pavel şi Barnaba au intrat în sinagoga iudeilor şi au vorbit în aşa fel că o mare mulțime de iudei şi de greci au crezut. *Dar iudeii care n-au crezut au întărâtat și au răzvrătit sufletele neamurilor împotriva fraților.* Totuşi au rămas destul de multă vreme în Iconia şi vorbeau cu îndrăzneală în Domnul, care adeverea Cuvântul privitor la harul Său şi îngăduia să se facă semne şi minuni prin mâinile lor. *Mulțimea din cetate s-a dezbinat; unii erau cu iudeii, alții cu apostolii. Neamurile și iudeii, în învoire cu mai-marii lor, s-au pus în mișcare ca să-i batjocorească și să-i ucidă cu pietre.* Pavel şi Barnaba au înțeles lucrul acesta şi au fugit în cetățile Licaoniei: Listra şi Derbe, şi în ținutul de primprejur. Şi au propovăduit Evanghelia acolo. (Fapte 14:1–7)

În Listra, Dumnezeu a îngăduit ca Pavel să facă o minune extraordinară, vindecarea unui om olog din naştere. Mulțimea a rămas impresionată şi au început să creadă că Pavel şi Barnaba erau nişte zei greci. Dar faima lor a fost de scurtă durată.

> *Atunci au venit pe neașteptate din Antiohia și Iconia niște iudei care au ațâțat pe noroade. Aceștia, după ce au împroșcat pe Pavel cu pietre, l-au târât afară din cetate, crezând că a murit.* Când l-au înconjurat însă ucenicii, Pavel s-a sculat şi a intrat în cetate. (Fapte 14:19–20)

Cu cât înaintez în vârstă şi cu cât stau mai mult de vorbă cu oamenii ca pastor, cu atât mai mult descopăr că viața conține o mulțime de „chestii". Oamenii cred că viața de creştin va fi uşoară ca o briză, şi nu e aşa. Când se abate necazul asupra vieților lor, încep imediat să plângă: „Unde este Dumnezeu? Nimeni nu mi-a spus că aşa ceva se va întâmpla."

Mentalitatea de reclamă, atât de răspândită în biserică, sună în felul următor: „Avem nevoie de mai mulți convertiți; niciunul din voi să nu spună nimic negativ. Altfel, s-ar putea ca nimeni să nu mai rămână." Suntem ca un vânzător de maşini care încearcă să scoată în evidență numai caracteristicile bune, fără să menționeze rata dubioasă a accidentelor tipului respectiv de maşină. O bună parte din propovăduire nu este tocmai cinstită pentru că vorbitorul se teme că nu va „încheia târgul."

Nu aşa a făcut Pavel. Observați ce s-a întâmplat imediat după ce a fost lăsat inconştient de loviturile cu pietre. Rănile lui nu erau, fără îndoială, încă vindecate şi totuşi

> A doua zi, a plecat cu Barnaba la Derbe. După ce au propovăduit Evanghelia în cetatea aceasta şi au făcut mulți ucenici, s-au întors la Listra, la Iconia şi la Antiohia, întărind sufletele ucenicilor. El îi îndemna să stăruie în credință şi spunea că *în Împărăția lui Dumnezeu trebuie să intrăm prin multe necazuri.* (Fapte 14:19–22)

Ce-a mai căutat Pavel chiar în Listra? V-ați aştepta ca să nu mai vrea să mai vadă vreodată acea cetate, după ce a fost împroşcat cu pietre. Dar el era foarte preocupat de soarta ucenicilor şi dorea să le dea hrană în continuare. Printre principiile de bază ale credinței creştine, el a inclus în învățătura lui şi afirmația dură, dar adevărată, că „în Împărăția lui Dumnezeu trebuie să intrăm prin multe necazuri." Nu că *„s-ar putea..."*, ci că *„trebuie..."*

Doar pentru că cineva recită un verset mișcător din Biblie, sau „preia controlul" asupra problemei sale, sau „îl mustră pe Satana" nu înseamnă că necazul se va topi întotdeauna.

Cuvântul grecesc tradus prin „necazuri" înseamnă a sparge, a sfărâma, a presa, a stoarce. El are sensul de durere, presiune, o povară pe suflet. Pavel a inclus acest gen de prezentare a adevărului în fiecare cetate unde apărea câte o biserică. Credincioşii din aceste biserici nu aveau voie să uite niciodată că până în Împărăția lui Dumnezeu, necazul şi persecuția fac parte din decor. Aşa stau lucrurile.

Doar pentru că cineva recită un verset mişcător din Biblie, sau „preia controlul" asupra problemei sale, sau „îl mustră pe Satana" nu înseamnă că necazul se va topi întotdeauna. Să prezinți o astfel de noțiune copiilor în credință este o distorsionare grotescă a Cuvântului lui Dumnezeu. Ani mai târziu, spre finalul vieții, referindu-se la întâmplarea din Fapte 14, Pavel îi scrie lui Timotei: „Tu însă ai urmărit de aproape învățătura mea, purtarea mea, hotărârea mea, credința mea, îndelunga mea răbdare, dragostea mea, răbdarea mea, prigonirile şi suferințele care au venit peste mine în Antiohia, în Iconia şi în Listra. Ştii ce prigoniri am răbdat; şi totuşi Domnul m-a izbăvit din toate. De altfel, *toți cei ce voiesc să trăiască cu evlavie în Hristos Isus vor fi prigoniți*" (2 Timotei 3:10–12).

Nici vorbă de drum pe gratis

Dacă marele apostol Pavel a spus (din proprie experiență) că persecuția e inevitabilă, cine suntem noi să credem că o putem evita?

Elifaz, prietenul lui Iov, a rezumat acest lucru explicit atunci când a spus: „Omul se naşte ca să sufere, după cum scânteia se naşte ca să zboare" (Iov 5:7). Viaţa pe acest pământ păcătos implică chiar mai multe dificultăţi atunci când vrei să trăieşti pentru Isus Cristos. Vom fi atacaţi de diavolul – şi nu va fi plăcut. Cu toate acestea, Dumnezeu îngăduie încercările şi necazurile. Dacă voi credeţi că există vreo formulă prin care puteţi sări peste acestea, atunci vă înşelaţi. Pericolul pentru cei care nu sunt conştienţi de aceste realităţi ale vieţii spirituale este că, atunci când ajung să fie zdruncinaţi, au impresia că se întâmplă ceva neobişnuit. Ei trebuie să ştie că în ciuda tuturor rugăciunilor, a sprijinului şi a încurajărilor, tot vor trece prin anumite „chestii" în această viaţă.

O parte din durere este emoţională şi poate veni chiar din propria noastră familie. Cineva apropiat poate spune: „Ai devenit religios. Ce, crezi că acum eşti mai bun decât noi?" Doare să auzi astfel de cuvinte!

Am văzut din biserica noastră că nou-creştinii se confruntă adesea cu aşa ceva. Nimănui nu părea să-i pese atunci când petreceau toată noaptea şi consumau droguri. Dar acum că Îl urmează pe Cristos şi vin regulat la biserică, stârnesc împotrivire chiar printre cei ce sunt sânge din sângele lor. „De ce trebuie să fii mereu la biserică? Eşti cumva un fel de fanatic?" Până atunci nu-i interesa pe niciunul dintre ei dacă acea persoană era atât de drogată de nu mai ştia cum o cheamă.

A ne păstra direcţia este de o importanţă vitală. Acest lucru îl frământa pe Pavel când a fost nevoit să-i lase pe credincioşii din Tesalonic după numai trei săptămâni. „V-am trimis pe Timotei ... pentru ca nimeni din voi să nu se clatine *în aceste necazuri;* căci ştiţi singuri că la aceasta *suntem rânduiţi*. Şi când eram la voi, v-am spus mai dinainte că *vom avea să suferim necazuri,* ceea ce s-a şi întâmplat, cum bine ştiţi" (1 Tesaloniceni 3:2–4).

Comparați aceste frânturi din Cuvântul lui Dumnezeu cu amăgirea teribilă care se practică astăzi în unele locuri. Oamenilor li se spune că, atunci când vor învăța „să facă promisiunile să lucreze în folosul lor", vor locui pe Strada Fericirii de pe tărâmul spiritual. Fără necazuri, fără suferință, numai mașini luxoase și conturi mari în bancă – acesta este planul lui Dumnezeu pentru orice copil al Lui. Bisericile care dau o astfel de învățătură ar putea fi judecate pentru reclamă falsă.

Am auzit despre un predicator „al credinței" care, având nevoie de îngrijire medicală, s-a internat într-un spital sub un nume fals, de rușine, pentru ca nimeni să nu afle că nu putea „obține victorie" asupra bolii. A dat instrucțiuni ca niciun apel telefonic să nu fie primit pe numele lui, făcând tot posibilul ca vestea despre boala lui să nu se răspândească.

Un alt învățător al acestei convingeri a spus că săracul Pavel nu a înțeles cu adevărat conceptul de „mărturisire pozitivă" sau cel de „cuvânt al credinței", altfel nu ar fi avut parte de toate problemele de care a avut parte. Vă puteți imagina așa ceva?! Acest „săracul Pavel" a scris o bună parte din Noul Testament. Dacă el nu era sub inspirație divină atunci când a scris despre necazul și suferința inevitabilă pentru un credincios, atunci, *cu privire la ce altceva* s-a mai înșelat el? Cu o astfel de învățătură falsă s-ar putea ca în curând să nu mai avem deloc Noul Testament.

Multora le place să-și aleagă versete, să se agațe de cele favorite în timp ce le ascund sub preș pe cele care nu se aliniază dorințelor lor firești. Învățătorii evangheliei prosperității sunt foarte isteți; și-au creat o industrie din a le spune oamenilor ceea ce aceștia *vor* să audă. Dar Dumnezeu spune că există un blestem pentru toți cei care adaugă sau scot părți din Cuvântul Lui sacru.

Apostolii au avut grijă să facă bine două lucruri:

1. Să mânuiască drept cuvântul adevărului (2 Timotei 2:15). Ei nu selectau un anumit verset pe care îşi construiau teoria. Ei au interpretat Scriptura cu credincioşie.

2. Să vestească voia lui Dumnezeu în întregime (Fapte 20:27). Ei au transmis adevărul lui Dumnezeu în întregul lui, nu doar părţile pe care oamenii doreau să le audă.

Nu demult, un bărbat din New Jersey a sunat la biserica noastră din Brooklyn pentru a-şi programa o sesiune de consiliere.

— Care este problema despre care vreţi să vorbiţi? l-a întrebat Frank O'Neill, unul dintre pastorii noştri asociaţi.

— Eu şi soţia avem probleme financiare şi am dori ajutor.

— Dar de ce nu mergeţi la propria dumneavoastră biserică din New Jersey? Nu ar fi mai bine ca să vorbiţi cu pastorul dumneavoastră?

— Nu, nu, nu, nici într-un caz, a spus bărbatul.

Liderii de acolo îl instruiseră deja că problemele de genul acelora cu care se confrunta el trebuiau să fie rezolvate prin mărturisire pozitivă şi nimic altceva. El încercase deja această metodă.

— Vreau să ştiţi, a continuat el, trecând spre ceea ce suna ca o mantră, „că eu şi soţia am rostit cuvântul credinţei – şi *nu avem datorii! Repet, nu avem datorii! NU mai avem facturi care trebuie plătite! Creditorii NU ne mai hărţuiesc! Ne adresăm acestei situaţii în Numele Domnului!*

Pastorul O'Neill nu ştia dacă să râdă sau să plângă. Ceea ce spunea acest bărbat era ridicol, dar era şi foarte trist.

— Atunci, ăăă, îmi puteţi spune de ce ne-aţi sunat pe noi? a întrebat el cu o voce liniştită.

— Păi, nu mai avem datorii, nu mai avem facturi de plătit, a repetat bărbatul, şi suntem victorioşi în Domnul. Dar vreau să vă întreb un singur lucru: *Ar fi un păcat să declar falimentul?*

Asta da confuzie!

Trecem uneori prin necazuri pe care ni le facem cu propriile noastre mâini. Culegem ceea ce am semănat.

Început dificil

Alteori putem fi plini de Duhul Sfânt şi în centrul voii lui Dumnezeu – şi totuşi, să ajungem ca Pavel, să fim închişi într-o închisoare. Dacă însuşi Stăpânul pe care noi Îl urmăm a fost crucificat, cum credem că noi vom scăpa de toate necazurile? Dacă spunem adevărul aşa cum a făcut-o El, aşa cum a făcut-o Pavel, nu toată lumea va fi mulțumită.

Dacă însuși Stăpânul pe care noi Îl urmăm a fost crucificat, cum credem că noi vom scăpa de toate necazurile?

Descopăr că nu toți sunt deschişi la Cuvântul lui Dumnezeu, la conferințele şi întâlnirile creştine de astăzi. Mulți au propriile lor agende şi tradiții la care țin cu tot dinadinsul, chiar dacă ele contrazic sau infirmă Scriptura. Se pare că ținta lor nu e atât de mult maturizarea în Cristos, cât menținerea, indiferent de preț, a unui status quo.

Cum îndrăzneşte cineva să sugereze că Dumnezeu doreşte să schimbe o anumită parte din viețile lor sau din lucrările bisericii? Se zbârlesc la predica ce îi pune față în față cu promisiunea lui Dumnezeu că le va da putere de sus sau cu modelul de Biserică din Noul Testament.

În ultima vreme am fost abordat de câțiva oameni mânioşi pe care îi supără predicile mele. Când le-am cerut sincer să-mi arate unde am greşit în lumina Scripturii, ei nu au avut niciun răspuns. Se pare că nu am întrebuințat greşit Biblia, ci i-am călcat pe ei pe bătătură.

De exemplu, am aflat recent că unii pastori au ajuns până acolo că folosesc secvențe din filme murdare, din categoria R, pentru a „ilustra" adevărul în programele lor „moderne", chiar în casa lui Dumnezeu! Dar aceasta nu face decât să încurajeze genul de divertisment imoral care infestează vieţile spirituale ale miilor de oameni şi trezeşte impulsurile fireşti ale multor altora. Toate acestea se fac, bineînţeles, sub pretextul comunicării eficiente în manieră contemporană. Dacă se întâmplă să te deranjeze vreuna dintre aceste metode, eşti luat în râs şi considerat neadaptat lumii moderne.

Eu am însă o întrebare simplă: Ar şedea Isus confortabil să privească un astfel de gunoi? Ba mai mult, cât de întristat este Duhul Sfânt care locuieşte în noi şi al cărui nume este sfânt?

Nu mai sunt în stare Cuvântul lui Dumnezeu şi Duhul Sfânt să păstreze atenţia oamenilor şi să facă minuni aşa cum au făcut cu două mii de ani în urmă? Şi-a epuizat Dumnezeu resursele? Cred că îngerii plâng când văd atâta compromis şi necredinţă. Cum să tacă bărbaţii şi femeile lui Dumnezeu în faţa unei astfel de apostazii subtile, indiferent de consecinţele pe care le-ar suferi personal?

Nu mai sunt în stare Cuvântul lui Dumnezeu și Duhul Sfânt să păstreze atenția oamenilor și să facă minuni așa cum au făcut cu două mii de ani în urmă? Și-a epuizat Dumnezeu resursele?

Mă doare când reacţia oamenilor faţă de mine este una de amărăciune, pentru că vreau să fiu plăcut şi acceptat, ca orice om. Dar cum poate cineva să închidă ochii la adevărul divin pe care oamenii lui Dumnezeu l-au acceptat de sute de ani? Cum poate cineva să ignore principiile biblice care au dat naştere trezirilor spirituale şi au zguduit din temelii naţiuni întregi? Am uitat de avertismentul care spune: „Nu muta hotarul cel vechi pe care l-au aşezat părinţii tăi" (Proverbe 22:28).

Această „diversitate a lucrării", în apărarea căreia sar mulţi, nu este decât o îndepărtare de la Cuvântul lui Dumnezeu şi de la persoana Duhului Sfânt. Biserica este într-atât invadată de lume și gândirea ei firească, încât noi suntem cei „evanghelizați" și nici măcar nu ne dăm seama. Totuși, cât de lipsit de consecințe este disconfortul meu emoțional când mă compar cu cei care au experimentat cu adevărat profunzimea versetului din 2 Timotei 2:12: „Dacă răbdăm, vom și împărăți împreună cu El."

Când citesc astfel de versete, mă gândesc la Denise Tsikudo, o femeie micuță de statură din biserica noastră, care s-a întors la Domnul la începutul lui 1993. Pe atunci își creștea singură cele două fiice; nu avea niciun fel de istoric religios în afară de o scurtă implicare în vrăjitorie. Folosirea drogurilor ca sursă de recreere se intensificase, la fel și consumul de alcool, până la două sau trei ori pe săptămână, dar ele nu-i dădeau decât o stare de depresie. Această dilemă a făcut-o să vină la biserică, unde în scurt timp și-a dat inima lui Cristos.

A încetat să mai bea. A încetat să mai fumeze. Dar credeți că toate lucrurile au început să meargă ca pe roate?

După numai câteva luni, pe când era încă un prunc în credință, Denise și-a pierdut pe neașteptate mama. Nu existase niciun semnal de alarmă; Denise a găsit-o moartă, în baie, în casa ei din Bedford-Stuyvesant, unde locuia singură.

Când și-a revenit oarecum din șoc, Denise a trebuit să se ocupe de partea legală a acestei situații; sarcină complicată. Anumite puncte au stârnit dezacorduri între rude. Ce-ar trebui făcut cu locuința? Mătușa Denisei a sfătuit-o să preia ea proprietatea, chiar dacă era situată într-o zonă de risc și avea prea puțini bani economisiți cu care să plătească taxele și să întrețină casa.

Surorile și frații ei s-au îndepărtat de ea, acum că „devenise religioasă". Prietenii care mai înainte ar fi stat cu ea toată noaptea consumând droguri o criticau pentru că petrecea prea mult timp la biserică.

La sfârșitul lui iulie, în același an, Denise s-a înscris la cursul pe care noi îl numim Foundation Bible Class, un curs introductiv în credința creştină. Prima sesiune de joi seara a decurs bine, îşi aminteşte ea. În acea seară s-a întors acasă, unde o aştepta un apartament liniştit, pentru că fetele îşi petreceau vacanța de vară cu tatăl lor. S-a băgat în pat pregătită pentru un somn confortabil.

Pentru că a doua zi începea lucrul mai târziu, ceasul a sunat la 9:15. Denise a deschise ochii – şi iată că în prag stătea un necunoscut, cu tricoul tras până peste nas. Nu i se vedeau decât ochii înspăimântători. În mâna dreaptă avea un pistol argintiu.

S-a frecat la ochi să se asigure că nu e doar un vis. Bărbatul a început să înainteze. „Ce vrei?", a strigat ea îngrozită.

El i-a poruncit să nu se mişte de pe pat. *Doamne,* se gândea Denise, *de unde a apărut? Cum a intrat aici? Isuse, ajută-mă! Nu înțeleg …*

Denise a continuat să se roage în timp ce bărbatul i-a acoperit fața cu o pernă. *O, Doamne, nu-l lăsa să mă omoare! Sunt singură într-un complex de apartamente; toți ceilalți sunt probabil deja la lucru. Ajută-mă, Doamne!*

În momentele dezgustătoare care au urmat, Denise şi-a întors privirile spre dreapta ei şi a văzut pistolul la câțiva centimetri de capul ei. Atacatorul s-a ridicat într-un sfârşit de pe pat, dar nu părea prea nerăbdător să plece. Ea a reuşit să rămână nemişcată şi să nu scoată niciun sunet. Nici măcar un scâncet uşor nu a scăpat de pe buzele ei. Într-un târziu i-a auzit paşii pe hol şi apoi pe uşă afară.

Denise s-a ridicat în capul oaselor, tremurând. A sunat la poliție şi imediat a sosit o maşină de poliție cu o polițistă care a ajutat-o pe Denise, cu blândețe, să dea declarațiile necesare, a dus-o la spital pentru controlul de rigoare şi a călăuzit-o prin toate procedurile.

Cum era de aşteptat, în următoarele săptămâni, Denise s-a hotărât să se mute în altă parte. A optat temporar pentru casa goală a mamei ei din Bedford-Stuyvesant. Acesta nu era unul dintre cele mai sigure cartiere, dar cel puțin nu trebuia să plătească chirie, şi poate astfel ar fi reuşit să economisească pentru ceva mai bun în viitor.

Iarna care a urmat a fost una dintre cele mai friguroase ierni din ultimii ani pentru zona noastră. Zăpada s-a adunat şi a rămas, gheața a început să penetreze acoperişul casei Denisei şi apoi s-a scurs în casă. Între timp cazanul de încălzire s-a defectat, lăsând-o pe Denise şi pe fiicele ei fără căldură. Tot în acelaşi timp una dintre fete s-a îmbolnăvit de varicelă. Ce altceva se mai putea întâmpla?

E teribil, oricui i s-ar fi întâmplat, dar cum să priceapă ceva din toate acestea un nou-născut în credință? Cum să treci peste acestea şi să continui să-ți trăieşti viața?

Bunuri defectate

La scurt timp după atac, pe când era încă traumatizată şi îngrozită să iasă prea mult din casă, Denise a reuşit să ajungă la unul dintre serviciile noastre de duminică. S-a întâmplat ca în acea zi să se anunțe că vor exista audiții pentru primirea în cor. Ei îi plăcea foarte mult să cânte şi şi-a adunat tot curajul pentru a completa un formular, în ciuda sufletului ei lovit şi rănit.

După ce trec de testul vocal, candidatele sunt intervievate de Carol timp de douăzeci până la treizeci de minute, pentru ca să le audă mărturiile de credință în Cristos, să afle mai multe despre ele şi să se asigure că vor să slujească oamenilor şi nu doar să cânte nişte note. În acea zi, Denise a fost ultima persoană pe care Carol a intervievat-o. Ea s-a deschis în fața soției mele şi i-a împărtăşit evenimentele oribile şi dureroase încă, petrecute nu cu mult timp în urmă: violul, teroarea, teama şi trauma.

Când Carol s-a întors acasă, am simțit că era sfârşită din punct de vedere emoțional. Mi-a povestit despre o candidată la cor deosebită şi despre povestea ei tragică. „E întoarsă de curând Jim, şi în acest moment e «un bun defectat» din punct de vedere emoţional. Simt că Domnul o vrea în cor chiar dacă nu şi-a revenit încă în întregime."

Am fost de acord cu ea. Carol mi-a spus că mă voi întâlni cu ea în următoarea seară, când eram programat să ţin un discurs final tuturor candidaţilor acceptaţi.

Denise a intrat în biroul meu împreună cu încă vreo şase persoane. I-am salutat pe fiecare cu o strângere de mână, iar ea a fost singura care a evitat să mă privească în ochi. Nu şi-a ridicat privirea nici măcar o singură dată în cele zece minute cât am vorbit despre părerea conducerii bisericii referitoare la potenţialul corului de a binecuvânta şi de a sluji ascultătorilor. A continuat să-şi ţină privirea în pământ sau ocazional să se uite într-o parte. De acolo de unde eram aşezat puteam să simt o parte din durerea ei, chiar dacă nu o mai văzusem niciodată înainte.

Când am mulţumit fiecăruia dintre ei pentru interesul pe care şi l-au arătat în a sluji în Trupul lui Cristos, faţa ei nu exprima nimic în timp ce toţi ceilalţi erau fericiţi. Nu voi uita niciodată amorţeala tristă care a învăluit-o în acea seară.

Următoarea duminică, în timp ce corul cânta, m-am uitat după Denise în secţiunea pentru alto. Era într-adevăr acolo, cu privirea îndreptată spre Carol, cântând toate cuvintele – fără urmă de expresie. În timp, Domnul a început să-i folosească pe ceilalţi membri ai corului, la repetiţii, la orele lor de rugăciune, precum şi serviciile de duminică pentru a o ridica pe Denise din durerea ei. Greutăţile aduse de iarna friguroasă şi celelalte dificultăţi nu au dispărut peste noapte. Însă în ea a început să se vadă un nou spirit.

Multe luni mai târziu, într-o duminică seara, pe când corul cânta o minunată cântare de laudă, am început să o caut din nou cu privirea pe Denise. Era pe rândul din faţă, radiind de bucurie, cu mâinile ridicate spre cer fără nicio sfială. Femeia care nu putea nici măcar să zâmbească sau să se uite la mine dispăruse pentru totdeauna. Am plâns fără ruşine gândindu-mă la abilitatea lui Dumnezeu de a o trece prin tot felul de necazuri şi de a o aduce cu biruinţă şi bucurie de cealaltă parte.

Cu timpul, valul evenimentelor rele a început să se retragă pentru Denise Tsikudo. Un bărbat din biserica noastră a ajutat-o să facă unele reparații la casă, iar o agenție numită Neighborhood Housing Services i-a făcut un împrumut avantajos pentru un nou boiler şi geamuri termopan. Un alt bărbat din biserică, un fost coleg de-al ei de liceu, i-a făcut cunoştinţă cu prietenul lui Gordon, şi doi ani mai târziu s-au căsătorit. Împreună au clădit o familie creştină solidă.

„Da, am trecut prin multe în acel prim an", spune ea. „În toate sunt recunoscătoare că L-am avut pe Isus în viața mea să mă ajute. Ce m-aş fi făcut fără El în circumstanțe asemănătoare? Aş fi cedat în fața durerii şi a depresiei.

Cel rău voia să mă facă să spun: «Uite – mi-am pus credința în Cristos, şi necazurile mă aşteptă la tot colțul. Poate că n-a fost o idee chiar aşa de bună.» În schimb, eu am învățat să mă agăț de Domnul. Cu cât veneau mai multe necazuri, cu atât mai tare trebuia să mă țin de El. Şi Dumnezeu a rămas credincios promisiunilor Sale."

Nu „dacă", ci „când"

De ce îngăduie Dumnezeu încercări în viețile noastre? Nu pretind că aş înțelege toate căile Lui, însă putem fi siguri de aceste adevăruri:

Dumnezeu foloseşte dificultățile şi necazul pentru a ne descoperi cât de adânc a pătruns Cuvântul în inimile noastre. În pilda semănătorului Isus vorbeşte despre sămânța care cade în locuri stâncoase. Dar pentru că „n-au rădăcină în ei", spune El despre oamenii pe care îi compară cu aceste plante, „țin până la o vreme; şi cum vine un *necaz* sau o *prigonire* din pricina Cuvântului, se leapădă îndată de el" (Marcu 4:17).

Observați că Isus nu a spus „dacă" vine un necaz sau o prigonire, ci „când" vine. El le îngăduie ca parte a disciplinării și învățării noastre.

Uneori, când ne gândim că am fost sfințiți cu adevărat și că acum creștem cu adevărat în Domnul – vine o încercare care ne dovedește tocmai contrariul. Reacția noastră imatură ne spune că nu suntem chiar atât de înrădăcinați pe cât am presupus noi.

Nu știi cu adevărat ce fel de creștin ești când soarele strălucește și totul merge bine. Numai furtuna ne descoperă acest lucru.

Pe lângă revelarea profunzimii noastre spirituale, dificultățile mai au și un alt efect benefic. Romani 5:3–4 spune: „Ne bucurăm chiar și în necazurile noastre; căci știm că necazul aduce răbdare, răbdarea aduce biruință în încercare (produce caracter, NIV, n.tr.), iar biruința aceasta (caracterul) aduce nădejdea." Devenim oameni de caracter dacă perseverăm în perioadele grele. Trecem de prima dificultate agățându-ne de Dumnezeu și a doua va deveni mult mai ușor de suportat. În timp, ajungem să semănăm cu un copac vânjos, cu rădăcini adânci, care rămâne în picioare în orice furtună.

Uneori, când ne gândim că am fost sfințiți cu adevărat și că acum creștem cu adevărat în Domnul – vine o încercare care ne dovedește tocmai contrariul. ✳

Vă puteți *bucura* în suferință? Eu nu sunt sigur să fi atins o astfel de stare în Dumnezeu – dar vreau să ajung acolo. Ați primit vreodată un telefon de la un alt creștin care să spună: „Slavă Domnului! Tocmai mi-am pierdut slujba, dar e nemaipomenit, pentru că acum mi se clădește caracterul – aleluia!" Eu nu, în ultima vreme.

Cuvintele bine-cunoscute din cântarea „Mărețul Har" spun:

Momeli, batjocuri, prigoniri
Adese-am întâlnit
Prin harul marii Lui iubiri
Eu toate-am biruit.

Carol, împreună cu Brooklyn Tabernacle Singers au înregistrat odată un simplu refren care spune:

Ține-mă, ține-mă,
Sunt în mijlocul furtunii.
Ține-mă, ține-mă,
În siguranță voi fi în brațele Tatălui.

M-a impresionat onestitatea acestor versuri. Trecem într-adevăr prin furtuni în viață şi numai Dumnezeu ne poate ține tari.

Unii creştini din anumite grupări adoptă un aer de superioritate ca şi cum ar fi deja în cer, stăpânind şi împărățind pământul împreună cu Cristos. Ei cred că pot crea o realitate diferită, rostind anumite cuvinte. Se prea poate ca aceasta să fie învățătura unui creştinism ştiințific, dar nu e nici într-un caz creştinism biblic. Aici pe pământ vom continua să ne luptăm cu traficul până la aeroport, să stăm la cozi lungi, să ne foim în scaun toată noaptea, să ne cărăm valizele pe coridoare lungi – toate acestea sunt parte dintr-un întreg. Dar când vom ajunge în minunatul sătuc englezesc, vom vedea că s-a meritat.

Dumnezeu încearcă să facă ceva mai mult decât să ne dea o viață lină. El încearcă să ne facă asemănători lui Isus. Pe El Îl interesează mai mult să producă acea asemănare cu Cristos decât să ne împlinească visurile.

În final, suferința ne pregăteşte să le slujim celor care se află în situații asemănătoare. Pavel îşi începe a doua epistolă către corinteni lăudându-L pe „Dumnezeu, Tatăl Domnului nostru Isus Cristos, Părintele îndurărilor şi Dumnezeul oricărei mângâieri, care ne mângâie în toate necazurile noastre, pentru ca, prin mângâierea cu care noi înşine suntem mângâiaţi, să putem mângâia pe cei ce se află în vreun necaz! Căci, după cum avem parte din belşug de suferinţele lui Cristos, tot aşa, prin Cristos, avem parte din belşug şi de mângâiere" (2 Corinteni 1:3–5).

Dumnezeu încearcă să facă ceva mai mult decât să ne dea o viaţă lină. El încearcă să ne facă asemănători lui Isus.

Dumnezeu ştie că perioadele de necaz sunt parte a condiţiei umane. Cum altfel să-Şi ridice El o armată de mângâietori înzestraţi în Numele Lui dacă aceştia nu au trecut ei înşişi prin foc? Abia atunci pot ei să se apropie, cu autoritate şi convingere, de sufletele încercate, spunându-le: „*Ştiu* prin ce treci. Am trecut şi eu pe acolo şi îţi pot spune că harului lui Dumnezeu este de-ajuns. Rămâi tare – El te va scoate la liman."

Ţinte mai importante

Diavolul va încerca să atace, să descurajeze şi să copleşească pe orice creştin – şi mai ales pe cei care sunt chemaţi pentru o lucrare publică. El are mii de tactici prin care să ne scoată din arenă şi scopurile lui finale sunt mult mai rele decât ne-am imaginat la început.

Îmi amintesc încă exact locul în care mă aflam în bucătărie, când un om al lui Dumnezeu m-a pus faţă în faţă cu această realitate. Fiica noastră cea mai mare, Chrissy, era la culmea răzvrătirii ei adolescentine, despre care am scris în prima mea carte. Soţia mea, Carol, se lupta încă să-şi revină după o operaţie majoră. Mă aflam în punctul cel mai de jos. Bărbatul stătea în picioare lângă frigider şi într-o manieră foarte naturală a spus: „Doar nu crezi că e vorba numai de Chrissy?"

„Cum adică?", m-am grăbit eu să răspund. „Bineînțeles că e vorba de ea. Ea e cea pentru care mijlocim din toată inima."

„Nu, nu e vorba doar de fiica ta", a spus el. „Crezi că diavolul o vrea doar pe ea? El te vrea pe *tine*. El îți vrea căsătoria. Şi mai mult decât atât, el vrea să dea o lovitură bisericii pe care o păstoreşti! Până acum nu a reuşit încă să pună un zid de despărțire între tine şi Carol, dar a găsit în tine un punct sensibil prin Chrissy. Dacă el te poate trage în jos şi te poate face să te comporți nebuneşte, încât să ajungi să te dezonorezi, atunci cei pe care îi păstoreşti vor fi devastați şi vulnerabili. Asta e ceea ce urmăreşte el."

În acel moment, ceva s-a născut în sufletul meu. Ştiam că Dumnezeu era Cel ce îmi vorbea printr-un instrument uman. Acel ceva din interiorul meu a spus: *„Doamne, Tu mă vei ține în brațul Tău. Și nu numai că-mi vei întoarce fiica la Tine, ci mă vei trece și pe mine de partea cealaltă a încercării. Învață-mă ceva din toată această confuzie."*

Slăvit să fie Dumnezeu că prin rugăciuni fierbinți, tactica celui rău a fost deturnată. Am văzut personal cum Dumnezeu schimbă atât de minunat răul în bine. Am fost martorul mângâierii pe care El o dă în furtună şi am văzut apoi cum această mângâiere se revarsă spre alții prin mine. Pe când eu şi Carol treceam prin acel coşmar care a durat doi ani şi jumătate, i-am spus lui Dumnezeu în rugăciune că voi povesti despre harul Său oriunde mă va trimite. Şi aşa am şi făcut în toți anii care au trecut de-atunci, în fața multor mii de oameni, atât în întâlnirile de aici, cât şi în cele de peste hotare. De multe ori am fost copleşit de emoție în timp ce dezvăluiam durerile prin care eu şi Carol am trecut. Dar Dumnezeu a folosit de nenumărate ori această mărturie pentru a produce credință în alții. Mângâierea pe care El ne-a dat-o a fost folosită pentru a-i încuraja pe ascultători să-şi găsească tăria în Dumnezeu când e vorba de propriii lor copii.

Necazul prin care trecem, de orice natură ar fi el, nu durează decât trei secunde în comparaţie cu veşnicia. O scurtă licărire a slăvii cereşti, şi încercarea va fi uitată de tot. Sau prin cuvintele unei vechi cântări: „Când vom vedea pe nori, faţa lui Isus, necazul greu de-aici îl vom uita. Şi doar privirea Lui atunci va lumina ..."

În ultima seară, înainte ca puterile întunericului să se dezlănţuie, Isus le-a spus ucenicilor Săi: „În lume *veţi avea necazuri*; dar îndrăzniţi, Eu am biruit lumea" (Ioan 16:33). Dumnezeu nu ne *scoate* întotdeauna din probleme; de multe ori El ne trece *prin* ele. Atunci când suntem scoşi din probleme ni se demonstrează puterea lui Dumnezeu, care este omnipotent. Când suntem trecuţi prin ele, învăţăm răbdarea, caracterul şi blândeţea de care avem nevoie pentru a-i binecuvânta pe alţii.

Acesta este un alt motiv pentru care trebuie să revenim la întâlnirile de rugăciune în biserică. Ele devin locul în care ne sprijinim unul pe celălalt ca să nu abandonăm cursa. Încercările ne trag în jos când suntem singuri. Când îmi ridic privirea şi văd marţea seara mame singure care încearcă să-şi educe copiii adolescenţi ... profesori care lucrează în şcolile publice din New York ... bărbaţi care se luptă cu puterile dependenţei ... ştiu cât de necesar e să ne ridicăm unul pe celălalt din murdăria vieţii în braţele primitoare ale lui Dumnezeu.

Trebuie să revenim la întâlnirile de rugăciune în biserică. Ele devin locul în care ne sprijinim unul pe celălalt ca să nu abandonăm cursa.

Când oameni loviţi de viaţă vin duminica, la sfârşitul mesajului, în faţă pentru rugăciune şi ajutor, mă întorc adesea spre cor şi le fac semn membrilor să vină şi să-şi pună braţele în jurul acestor suflete în nevoie şi să le conducă la tronul de har. De multe ori am chemat-o pe Denise şi ea a răspuns cu dragoste şi compasiune. Persoana care plânge în faţa altarului nu știe prin ce a trecut această femeie care își pune brațele în jurul ei și începe să se roage. Denise a trecut ea însăși prin furtună și de aceea poate fi de folos, în toată blândețea, celor în nevoie.

Dumnezeu te va călăuzi prin furtuna și greutățile prin care treci. Nu te descuraja și nu te uita în jos, ci ridică-ți privirea spre El, Cel care a promis că va rămâne cu tine chiar și „prin valea umbrei morții" (Psalmul 23:4). Crezi că Dumnezeu a început această lucrare minunată a harului în viața ta numai ca să te lase să cazi în vreo groapă neagră a disperării și deznădejdii? Niciodată! La sfârșit, El te va face să stai în rândurile celor care

> „... vin din necazul cel mare; ei și-au spălat hainele și le-au albit în sângele Mielului.
>
> Pentru aceasta stau ei înaintea scaunului de domnie al lui Dumnezeu, și-I slujesc zi și noapte în Templul Lui. Cel ce șade pe scaunul de domnie își va întinde peste ei cortul Lui.
>
> Nu le va mai fi foame, nu le va mai fi sete; nu-i va mai dogori nici soarele, nici vreo altă arșiță.
>
> Căci Mielul, care stă în mijlocul scaunului de domnie, va fi Păstorul lor, îi va duce la izvoarele apelor vieții, și Dumnezeu va șterge orice lacrimă din ochii lor." (Apocalipsa 7:14–17)

Capitolul 12

Apă fără plată

Se pare că în aceste zile, aproape în fiecare săptămână când mergi la magazin, eşti confruntat cu un nou produs sau un nou ambalaj. Când crezi că industria alimentară nu a mai lăsat nimic imaginabil care să-ți atragă interesul față de suc, brânză sau popcorn, apare un nou aspect, un gust diferit, un „lucru nou sub soare", care să te facă să cumperi acel produs.

Şi poate că cel mai ingenios lucru dintre toate este ceea ce experții în marketing au făcut cu cel mai vechi şi mai de bază element dintre toate: apa! Ai crezut că acesta e singurul lucru pe care nu trebuie să-l treci pe lista de cumpărături pentru că ai cât vrei de la robinetul din bucătărie. Dar nu. Se pare că numele de pe flacoanele de plastic se întind pe o jumătate de raft – Aquafina, Calistoga, Evian, Crystal Geyser, Naya, Dasani, Sierra, Deep Rock, Arrowhead, Dannon… Cumpărătorii sunt dispuşi să nu se uite la portofel când cred că o anumită H_2O e un pic mai pură şi prin urmare mai sănătoasă.

În Biblie apa este o metaforă care reprezintă mai multe lucruri, dar e în special un simbol al persoanei şi lucrării Duhului Sfânt. În Evanghelia după Ioan stă scris:

> În ziua de pe urmă, care era ziua cea mare a praznicului, Isus a stat în picioare şi a strigat: „Dacă înseteazǎ cineva, să vină la Mine şi să bea. Cine crede în Mine, din inima lui vor curge râuri de apă vie, cum zice Scriptura." *Spunea cuvintele acestea despre Duhul,* pe care aveau să-L primească cei ce vor crede

în El. Căci Duhul Sfânt încă nu fusese dat, fiindcă Isus nu fusese încă proslăvit. (Ioan 7:37–39)

Acolo unde nu există apă, nu există viață. Oamenii și animalele mor; vegetația se usucă. În același fel, Duhul Sfânt este singura noastră sursă de energie și viață spirituală. Această „apă" promisă ne împiedică să devenim uscați și zbârciți. Ori de câte ori descoperim că devenim arizi în sufletele noastre, e din cauză că a scăzut influența Duhului Sfânt.

Samuel Chadwick s-a uitat la nevoia Bisericii din vremea lui și a descoperit care e adevărata situație: „Remediul ... nu stă în mustrare și amărăciune, ci în *revărsări și râuri*, vânt și soare. Răspunsul se află în manifestarea unei religii supranaturale și singura cale spre o religie supranaturală este în prezența permanentă a Duhului lui Dumnezeu."[1]

Acest adevăr e valabil și astăzi, când ne uităm la Trupul lui Cristos. Problema nu stă în lipsa clădirilor, a traducerilor Bibliei, a notițelor de predică, a echipamentului de sunet sau a resurselor financiare. Ceea ce cu siguranță avem nevoie toți este o cantitate proaspătă și abundentă din apa care aduce viață.

Cât costă această apă minunată? Există vreun magazin spiritual spre care Dumnezeu ne direcționează și de unde să o cumpărăm la litru? Sau ne putem instala un robinent permanent și să plătim o dată pe lună? Luați aminte la aceste adevăruri din Apocalipsa:

> Cel ce ședea pe scaunul de domnie a zis: „Iată, Eu fac toate lucrurile noi." Și a adăugat: „Scrie, fiindcă aceste cuvinte sunt vrednice de crezut și adevărate."
>
> Apoi mi-a zis: „S-a isprăvit! Eu sunt Alfa și Omega, Începutul și Sfârșitul. Celui ce îi este sete, îi voi da să bea *fără plată* din izvorul apei vieții". (Apocalipsa 21:5–6)
>
> „Eu, Isus, am trimis pe îngerul Meu să vă adeverească aceste lucruri pentru Biserici. Eu sunt Rădăcina și Sămânța lui David, Luceafărul strălucitor de dimineață."

Şi Duhul şi Mireasa zic: „Vino!" Şi cine aude să zică: „Vino!" Şi celui ce îi este sete să vină; cine vrea să ia apa vieţii fără plată! (Apocalipsa 22:16–17)

Agentul lui Dumnezeu de schimbare

Omenirea are două mari dileme spirituale. Prima este ce să facem cu păcatele şi fărădelegile trecutului, care ne despart de Dumnezeu şi produc o conştiinţă vinovată. Acest sentiment de condamnare ne face să evităm orice comuniune cu Dumnezeu – exact lucrul pentru care am fost creaţi. Dar a venit Isus şi Şi-a dat viaţa pentru ca noi să putem fi eliberaţi. Faptele noastre urâte pot fi şterse şi numele noastre pot fi scrise în Cartea Vieţii prin sângele pe care Isus l-a vărsat pe crucea de la Calvar.

Apoi vine a doua problemă cu care suntem confruntaţi: Cum putem fi schimbaţi în aşa fel încât în viitor să nu mai repetăm aceleaşi păcate? Cum să ne ridicăm deasupra poluării morale a păcatului? Până nu pătrunde Cineva în noi care să ne refacă în însăşi esenţa noastră, vom continua să trăim în păcat, întristându-L pe Dumnezeu.

Dumnezeu ne-a pus la dispoziţie o mântuire care face mai mult decât să ne ierte greşelile din trecut. El ne-a pus la dispoziţie biruinţa asupra dorinţelor lăuntrice păcătoase prin persoana Duhului Sfânt. Am învăţat pe tot parcursul acestei cărţi despre viaţa din abundenţă pe care a pregătit-o Dumnezeu pentru copiii Săi. Am văzut cum ar trebui să fie Biserica. Am ajuns la concluzia că numai puterea Duhului Sfânt îi poate elibera pe oameni din lanţurile lor şi pregăti pe sfinţi în slujirea creştină.

Tot ceea ce Dumnezeu face în lumea noastră astăzi, face prin Duhul Sfânt. Nu are un alt agent pe această planetă.

Era Duhului Sfânt a fost deschisă o dată cu întoarcerea Fiului lui Dumnezeu pe tronul Său ceresc (Fapte 1:9). Tot ceea ce Dumnezeu face în lumea noastră astăzi, face prin Duhul Sfânt. Nu are un alt agent pe această planetă. În cartea Faptele apostolilor vedem începutul incredibil al lucrării Sale şi recunoaştem nevoia noastră de a fi martorii aceleaşi strategii pentru înaintarea Împărăției. Care sunt lucrurile care ne împiedică?

În primul rând, unii dintre noi par să fie de părere că o ducem bine, atât în viața noastră spirituală, cât şi în viața bisericii. Nu simțim niciun fel de nevoie urgentă pentru o lucrare mai profundă a Duhului Sfânt. Poate că nu folosim chiar aceste cuvinte, pentru că ele nu ar suna prea spiritual. Însă adevărul e că nu suntem cu adevărat *însetați* după apa Duhului. Nu simțim niciun fel de nemulțumire, dorință sau nevoie.

Cei cu o astfel de atitudine nonşalantă se tem ca barca să nu se răstoarne atunci când alții devin flămânzi şi însetați după Dumnezeul cel viu. Aceştia pot fi chiar pastori în biserici mari şi active care funcționează mai mult după metode şi programe decât călăuzite de puterea Duhului Sfânt. Rugăciunea e în cantitate neglijabilă sau inexistentă şi există prea puține dovezi ale puterii lui Cristos care transformă vieți. Membrii nu se deosebesc prea mult de cei din lume, dar pentru că numărul participanților e mare, aceşti pastori devin influenți în cadrul cultului lor şi devin de-a dreptul neliniştiți când sufletele însetate încep să întrebe: „Are Dumnezeu ceva mai mult pentru noi?"

Totuşi, *sunt* mulți cei mişcați de Duhul lui Dumnezeu în această țară. Ei însetează după Dumnezeul cel viu care să-i binecuvânteze şi să reverse putere asupra lor şi asupra adunărilor lor. Şi în sufletul meu există un dor adânc după Domnul. Numai El îmi poate satisface setea. Numai El mă poate face să devin soțul, tatăl, pastorul şi omul lui Dumnezeu care ar trebui să fiu. Numai El poate aduce convingere de păcat în oamenii din Brooklyn sau din oricare oraş din lume. Numai El poate vindeca rănile acestei lumi nenorocite.

Sunt conştient că unii se tem să aibă de-a face cu Duhul Sfânt, pentru că au crescut în biserici care nici măcar nu-I pronunță numele. Atenția lor e îndreptată în întregime numai asupra *Cuvântului* lui Dumnezeu – îl studiază, îl disecă, îl memorează, compară diferite versiuni între ele, îi analizează textul în ebraică şi greacă, fac promisiuni să urmeze Biblia în toate lucrurile... Da, toți trebuie să cinstim şi să iubim Cuvântul lui Dumnezeu, dar nu putem ignora faptul că Biblia face afirmații extraordinare despre Duhul Sfânt! De fapt, nu numai că Duhul Sfânt este Cel care a insuflat Scripturile, ci El este şi Cel care vrea, e gata şi poate să împlinească promisiunile referitoare la El Însuşi.

Unii se tem să aibă de-a face cu Duhul Sfânt, pentru că au crescut în biserici care nici măcar nu-I pronunță numele. ✳

Sunt foarte conştient că datorită exceselor care se practică în anumite biserici – sentimentalism, manipulări psihologice, manifestări sălbatice şi bufonice – unii au dubii cu privire la acest Duh. Au văzut cum oamenii vin săptămână de săptămână pentru exaltări emoționale şi se întorc apoi acasă unde trăiesc la fel cum au trăit dintotdeauna. Niciun fel de transformare spirituală în ei sau în bisericile lor – nu există botezuri cu apă în număr mare, niciun fel de îmbunătățire în viața de rugăciune, nicio înmulțire a roadelor Duhului. De aceea mulți creştini sinceri au spus: „Nu, mulțumesc", şi au dreptate. Din nefericire, ei aruncă copilul împreună cu apa din vană, nelăsând niciun loc Duhului lui Dumnezeu.

De fapt, aceasta este o tactică bine gândită a diavolului. El se foloseşte de manifestări şi lucrători falşi pentru a sădi în oameni frică sau dezgust. El accentuează ciudățeniile şi practicile nebiblice pentru a ne îndepărta de apa de care avem cu disperare nevoie, ca să descoperim că suntem într-un deşert al efortului şi necredinţei omeneşti.

Faptul că în lume există evanghelii false nu înseamnă că nu există o Evanghelie adevărată. Faptul că unii se declară prin ziare că ar fi un nou Isus sau un nou Mesia, nu înseamnă că adevăratul Fiu al lui Dumnezeu nu e real. Şi doar pentru că unii imită mişcarea Duhului nu înseamnă că Dumnezeu nu ne pune încă la dispoziţie adevărata mişcare.

Pavel a petrecut optsprezece luni punând bazele unei biserici în Corint. După ce a plecat el, au venit apostoli falşi şi şarlatani manipulatori care au adus biserica într-o aşa stare de confuzie, încât Pavel a recunoscut că aveau „un alt duh, pe care nu l-aţi primit" (2 Corinteni 11:4). Lucrarea falsă a lui Satana nu e o noutate. El a încercat dintotdeauna să distorsioneze lucrurile spirituale şi să producă disconfort faţă de puterea lui Dumnezeu.

Am fost în biserici unde aproape că eziţi să pomeneşti ceva despre Duhul Sfânt! Poţi simţi cum oamenii devin rigizi. Cât de tragic şi cât de dureros e pentru Duhul Sfânt al lui Dumnezeu. Ce speranţă ne mai rămâne fără ajutorul Lui direct şi personal?

Există femei şi bărbaţi sinceri ai lui Dumnezeu care tânjesc după o revenire la exemplul de Biserică nou-testamentară şi nu capitulează în faţa modelelor fireşti, lipsite de rugăciune şi putere, atât de predominante astăzi. Bineînţeles că instituţiile religioase formale îi vor avertiza în genul: „Nu te lăsa antrenat în «Tăvălugul Sfânt»" sau „Nu cred că vrei toată această tevatură despre «o viaţă mai profundă»".

Adevărul e că aceste suflete însetate nu vor ceva carismatic, baptist, penticostal sau prezbiterian, nazarinean sau metodist. Ele sunt interesate de adevărata lucrare a Duhului Sfânt aşa cum este descoperită ea în Scripturi.

Încercăm să plătim

Un alt obstacol de care ne împiedicăm sună foarte spiritual, dar de fapt e tocmai contrariul. El are de-a face cu încercarea noastră de a *câștiga* apa proaspătă a Duhului Sfânt. Să ne imaginăm un creştin convertit de curând – pe care îl vom numi Alan – care abia a început să creadă în Domnul Isus. Şi-a dat în sfârşit seama că nu va fi niciodată îndeajuns de bun de unul singur ca să ajungă în cer. Faptele lui bune nu sunt suficiente; a căzut în păcat în repetate rânduri. Numai harul Domnului Isus Cristos poate plăti datoriile morale ale trecutului său.

O voce din inima lui a spus: „Alan, tu nu-ți poți câştiga mântuirea. Ea e un dar! Isus a murit pentru tine. Întinde-ți mâna şi acceptă dragostea Lui!" El a primit cu bucurie darul minunat al vieții veşnice. El ştie că nu-l merită, dar îl acceptă cu recunoştință din mâna unui Dumnezeu milos.

Pentru o perioadă trăieşte în euforia iertării. Dar foarte curând i se pare că o voce similară îi spune: „Alan, îți citeşti Biblia, nu-i aşa? Sunt multe lucruri pe care nu le faci pentru Domnul. Trebuie să-i iubeşti pe oameni aşa cum îi iubeşte Cristos. Tu îi iubeşti? Ştii foarte bine că nu. Trebuie să-ți dai mai mult silința. Chiar aşa, care e problema ta?"

Neajunsurile încep să-l neliniştească. El ştie că uneori nu are răbdare. În zilele ocupate uită de timpul lui petrecut cu Domnul. Alteori se comportă într-un mod necreştinesc. *O, Doamne, voi încerca mai mult*, se roagă el. *Ai fost atât de bun să mă mântuiești, iar eu Îți voi arăta că Te iubesc cu adevărat. Mă voi trezi dimineața mai devreme ca să mă rog mai mult, să știi că așa voi face. Promit să fiu genul de om pe care Tu îl dorești.*

Se ține de promisiune timp de câteva zile. Dar duminica următoare e din nou la altar mărturisindu-şi scăpările. *Iartă-mă, Dumnezeule – am greșit, dar de data aceasta chiar că voi fi așa cum trebuie. Știu că pot, odată ce mă hotărăsc că așa voi face. Voi încerca să-mi dau toată silința. Promit că de data aceasta va fi altfel.*

În viața lui Alan se instalează un ciclu de promisiuni, eşecuri, mai multe promisiuni, mai multe jurăminte, urmate de mai multe eşecuri, mai multe mărturisiri ... până când diavolul, care vine ca un înger al luminii, dar care e de fapt cel mai mare acuzator al creştinilor îi şopteşte: „Ştii, Alan, tu nu eşti decât un ipocrit. Nu faci nimic din ceea ce ai promis. Poate că ar trebui să renunți la întreaga cursă. De ce să mai mergi la biserică? Pentru ce să-ți mai pierzi timpul citind Biblia? Nu-L iubeşti pe Isus îndeajuns şi viața ta o dovedeşte."

Viața lui Alan are nevoie disperată de o rememorare a modului în care şi-a început viața de creştin. El nu şi-a câştigat mântuirea. Nu a făcut decât să-şi deschidă palma pentru a primi darul fără plată al lui Dumnezeu.

Să existe un alt drum acum decât cel pe care a pornit? Nicidecum!

Tot ceea ce vom face sau vom fi vreodată trebuie să vină de la Dumnezeu şi va veni în acelaşi fel în care ne-am început umblarea spirituală. Aşa cum Pavel le-a scris galatenilor: „Sunteți aşa de nechibzuiți? După ce ați început prin Duhul, vreți acum să sfârşiți prin firea pământească? ... Cel ce vă dă Duhul şi face minuni printre voi, le face oare prin faptele Legii sau prin auzirea credinței?" (Galateni 3:3, 5). Cu alte cuvinte, după ce am început prin lucrarea plină de putere a lui Dumnezeu în sufletele noastre, vom trăi acum pentru El prin puterea lui „Promit"? Nu, eforturile noastre omeneşti sunt total necorespunzătoare acestei sarcini. Avem nevoie de apa Duhului. Dumnezeu, Cel care a început lucrarea în noi, trebuie să o continue singur.

Aşa cum un om al lui Dumnezeu a scris cu mult timp în urmă: „Tot meritul este în Fiul ... şi toată puterea este din Duhul." Ce afirmație profundă! Singurul lucru care ne va da vreodată, ție sau mie, împăcarea cu Dumnezeu este lucrarea lui Isus Cristos, Mântuitorul nostru. Faptele noastre bune nu-I vor lua locul niciodată. Dar fiți atenți la următorul adevăr similar: Singura putere care ne va ţine victorioşi zi de zi vine prin Duhul Sfânt. Important este nu ce putem noi face, ci ceea ce Dumnezeu poate face! Harul Său nu se opreşte în momentul în care primim mântuirea; el este rezerva din care scoatem tot ce avem nevoie pe parcursul vieții.

Ceea ce există în mult prea multe vieţi astăzi este o abordare vechi-testamentară a slujirii lui Dumnezeu. Spunem că-I aparținem lui Isus, dar încercăm să-I fim plăcuți ținând Legea prin propriile noastre eforturi. Suntem la fel ca şi israeliții care, după ce au primit Cele Zece Porunci, i-au spus lui Moise că vor îndeplini tot ceea ce Dumnezeu le-a spus să facă. Dar n-au reuşit, pentru că le-au încălcat probabil pe toate în numai o săptămână. Promisiunile sincere nu aduc rezolvarea; avem nevoie de ajutor din afară, de la Dumnezeu. Dacă nu ne putem ierta păcatul şi trebuie să apelăm la sângele vărsat a lui Isus, ce ne face să credem că după aceasta vom reuşi să înaintăm cu propriile noastre resurse?

Aşa cum nu există mântuire fără Isus, tot aşa nu poate exista trăire şi mărturie creştină fără Duhul Sfânt. Dacă nutreşti atitudini rasiste, faptul că citeşti cărți sau participi la seminarie de sensibilizare nu te va ajuta prea mult; Dumnezeu Duhul Sfânt trebuie să toarne dragostea Lui în inima ta. Abia atunci vei înceta să te mai uiți la culoare şi vei vedea oamenii. Negru, alb, mulatru – ce importanță are? Când Duhul este în control, nici nu vei mai observa aceste culori.

Dacă nu ne putem ierta păcatul și trebuie să apelăm la sângele vărsat a lui Isus, ce ne face să credem că după aceasta vom reuși să înaintăm cu propriile noastre resurse?

O, ce nevoie avem să ne dăm seama că binecuvântarea şi puterea Duhului Sfânt sunt cheia.

Şi acum vestea bună: *Totul este gratis!* Mântuirea este fără plată. Iertarea de păcat este fără plată. Rezervarea în cer este gratis. Puterea Duhului Sfânt pentru a trăi o viață creștină este și ea gratis. Tot ceea ce ne trebuie vine pe gratis din mâna unui Dumnezeu îndurător. El așteaptă acum să vină și să suplinească orice nevoie din viața mea sau a ta. Așa cum profetul Isaia proclamă:

„Voi toți cei însetați
    veniți la ape,
chiar și cel ce n-are bani!
Veniți și cumpărați bucate,
veniți și cumpărați vin și lapte,
    fără bani și fără plată!" (Isaia 55:1)

O abordare pe de-a-ndoaselea

Copil fiind și crescând într-un mediu legalist, credeam că trebuie să câștig binecuvântarea Duhului Sfânt. Când eram prin clasa a patra, mama mi-a spus că n-aș mai fi așa de obraznic și n-aș mai da de necazuri dacă aș avea o experiență profundă a Duhului Sfânt. În vremea aceea aveau loc în biserica noastră întâlniri speciale de rugăciune, lunea seara; și vă vine sau nu să credeți, dar mi-am făcut un țel din a intra în grațiile lui Dumnezeu la acele întâlniri. Ba chiar am postit lunea în fiecare săptămână, timp de două luni! Imaginați-vă un puști de zece ani sărind peste masa de prânz! Aceasta îl va convinge cu siguranță pe Dumnezeu să-mi dea drept recompensă binecuvântarea Duhului Sfânt.

Dar n-a mers, și cu timpul mi-am dat seama că Dumnezeu nu Se lasă antrenat în acest joc.

Există astăzi vorbitori sinceri și mișcări de trezire care blochează inconștient lucrarea lui Dumnezeu prin cuvinte de genul: „Mai întâi, biruie păcatul din viața ta; apoi Dumnezeu îți va da puterea Duhului Său. Abia când ai victorie în viața ta vei putea să ajungi la plinătatea binecuvântării Sale." Ei au o listă lungă cu lucrurile care trebuie făcute – obiceiuri de care trebuie scăpat, practici devoționale de implementat – toate pentru a te aduce în punctul în care poți primi deplina binecuvântare a Rusaliilor.

Dar stați puțin ... cum pot să-mi birui slăbiciunile, să scap de obiceiuri rele, să devin mai mult ca Cristos fără să am mai întâi această putere a Duhului? Dacă El nu mă ajută, nu pot să înaintez niciun centimetru în viața mea spirituală. În această învățătură există sugestia eronată că trebuie să ajung de la punctul A la punctul B pentru a „avea experiența Duhului". Marea problemă e că nu am abilitatea de a ajunge la punctul B; numai harul lui Dumnezeu mă poate lua din punctul A şi duce până în Z.

O astfel de teologie ridică obstacole pentru ceea ce Dumnezeu a intenționat să fie un dar. Prin contrast, Isus spune simplu: „Eşti însetat? Bea din apa Mea vie."

Totuşi, nu trebuie să se schimbe comportamentul nostru? Ba da. Dar Dumnezeu trebuie să facă schimbările întâi în interior, şi apoi ele se vor reflecta în afară. Fără Dumnezeu Duhul Sfânt care să lucreze în noi, cine va schimba măcar o iotă?

Timp de cinci decenii sau mai bine, evanghelistul Billy Graham îşi încheia în mod înțelept mesajele cu această cântare lină: „Aşa cum sunt... O, Mielule, eu vin, eu vin." Îşi invita ascultătorii să vină la mântuire aşa cum erau.

Orice voce care spune: Fă-ți curățenie mai întâi în viață și apoi vino la Cristos vine de la Satana. ✷

Orice voce care spune: *Fă-ți curățenie mai întâi în viață și apoi vino la Cristos* vine de la Satana. Da, trebuie să existe o întoarcere la Dumnezeu şi o mărturisire a păcatului când ne punem credința în Cristos. Dar cum să-mi curăț eficient viața fără puterea Duhului Sfânt care să lucreze în mine? Iertarea este gratis. La fel şi Duhul Sfânt. Nu putem face nimic pentru a merita prezența sau puterea Lui. Putem doar să venim aşa cum suntem. De aceea apostolii au folosit în nenumărate rânduri expresia „*darul* Duhului Sfânt" în toată cartea Faptele apostolilor (Fapte 2:38; 8:20; 10:45; 11:17).

Imaginaţi-vă că sora mea Pat şi soţul ei, Frank, vin la mine de Crăciun şi aduc un cadou superb pentru mine şi Carol. Pat mă salută de la uşă cu o îmbrăţişare caldă. „Acesta e pentru voi!" exclamă ea şi-mi întinde o cutie mare ambalată în hârtie colorată şi cu o fundă sofisticată. „Crăciun Fericit! Să nu uit – te costă 55 de dolari – bani gheaţă sau cec, te rog. Merge oricare dintre ele, dar nu accept cărţi de credit."

„Păi, Pat – e Crăciun. Ce-i cu tine? Unde ţi-e spiritul de sărbătoare?"

Cu alte cuvinte, dacă trebuie *să faci ceva în schimb sau să plăteşti,* nu mai e cadou. Dumnezeu vrea să venim pur şi simplu şi să continuăm să venim la fântâna care ne va potoli setea.

Mă agăţ mereu şi mereu de cuvintele din Romani 8:26: „Duhul ne ajută *în slăbiciunea noastră."* Singurele cerinţe pentru a primi plinătatea Duhului sunt: să-ţi simţi nevoia, să fii însetat, să vrei să vii la El şi să-ţi aduci slăbiciunea la tronul Lui de har. *Doamne, sunt slab. Ştiu că multe lucruri din viaţa mea au nevoie de schimbare, dar îmi trebuie putere de la Tine. Vreau să fiu altfel în viaţa mea, în familie, în biserică, în lucrare. Dar nu pot prin propria mea tărie. Vino şi umple-mă acum cu Duhul Sfânt.*

SE MERITĂ AŞTEPTAREA

Apa Duhului Sfânt nu necesită absolut nicio plată, dar trebuie să fim în continuă aşteptare prin credinţă pentru a primi de la Tatăl doze proaspete din această promisiune. În acest fel îşi încheie Luca naraţiunea, când înregistrează ultimele cuvinte ale lui Isus către ucenicii Săi: „Şi iată că voi trimite peste voi făgăduinţa Tatălui Meu; dar rămâneţi în cetate până veţi fi îmbrăcaţi cu putere de sus" (Luca 24:49).

Două mii de ani mai târziu, a aştepta în rugăciune individuală sau împreună cu biserica să fim „îmbrăcaţi cu putere de sus" este încă cea mai mare nevoie a Bisericii creştine. Acestea sunt *veşmintele* pe care Isus le dă încă poporului Său – capacitate supranaturală, tărie şi putere de la Duhul Sfânt, pentru ca să putem duce la îndeplinire lucrări mari pentru slava lui Dumnezeu.

Gândiţi-vă cât de rar se predică şi se accentuează această promisiune printre noi şi anume că putem fi îmbrăcaţi, nu cu orice fel de putere, ci cu cea venită de la Dumnezeu Însuşi! Biserica adevărată nu se clădeşte prin talent omenesc sau resurse pământeşti, ci prin bărbaţi şi femei saturaţi de Duhul lui Dumnezeu şi plini de Cuvântul Său.

Cuvântul folosit aici pentru *a aştepta* înseamnă literal „a sta nemişcat." Isus ştia că vieţile ucenicilor vor fi pline de misiuni de evanghelizare şi învăţătură, însă le-a poruncit să stea linişţiţi şi să aştepte ca Dumnezeu să le poată da mai întâi echipamentul potrivit pentru o slujire roditoare. Acest ciclu de a aştepta înaintea lui Dumnezeu urmat de un serviciu eficient de umplere cu Duh este programul divin al tuturor timpurilor, nu numai din era Noului Testament. Fără momente de aşteptare în rugăciune a unei puteri proaspete, nu vom vedea decât puţin sau chiar deloc din asistenţa divină în lucrarea pe care o facem pentru Dumnezeu. Bisericile vor ajunge să semene cu cea din Sardes despre care Isus a spus că „îţi merge numele că trăieşti, dar eşti mort" (Apocalipsa 3:1).

De ce să nu începem să ne adunăm în biserici sau în case, pe tot cuprinsul ţării, şi să ne însuşim această promisiune minunată de a fi „îmbrăcaţi cu putere de sus"? De ce să pierdem ajutorul supranatural al lui Dumnezeu, când semnele din jurul nostru ne spun că numai acel ceva din cer poate rezolva nevoia noastră? Pastorii să înceapă să-şi conducă bisericile în această chestiune vitală a aşteptării în rugăciune, pentru ca Dumnezeu să vină şi să-Şi arate harul într-o dimensiune mai amplă.

Luca îşi încheie relatarea spunând că ucenicii „s-au întors în Ierusalim cu o mare bucurie. Şi tot timpul stăteau în Templu şi lăudau şi binecuvântau pe Dumnezeu" (Luca 24:52–53). Dacă adăugăm la această relatare pe cea din Faptele apostolilor vedem că ei s-au întors în Ierusalim, s-au dus la Templu regulat şi apoi se pare că au ajuns în camera de sus, locul unde a coborât Duhul peste ei (Fapte 2:1–4). Lucrul important de notat este că s-au întors în cetate „cu o mare bucurie" pentru că ştiau că Isus înviase dintre cei morţi! Ştiau de asemenea că El Îşi va ţinea promisiunea şi le va trimite puterea Duhului Sfânt. Atitudinea lor nu era una de introspecţie ursuză sau deprimantă, ci de încredere plină de bucurie în Dumnezeu şi în credincioşia Lui.

Un alt element important al acestei aşteptări era obiceiul lor regulat de a-L lăuda şi binecuvânta pe Dumnezeu. Înţelesul cuvântului grecesc folosit aici pentru *binecuvântare* înseamnă „a vorbi cu respect, a spune lucruri măreţe" despre cineva. Cuvântul pentru *laudă* este folosit în principal cu sensul de a-L înălţa şi a-L onora pe Dumnezeu prin cântare.

Deci, se rugau, aşteptau, lăudau, binecuvântau, cântau şi I se închinau lui Dumnezeu din toată inima lor. Nu era un timp *numai* de tăcere sau *numai* de zarvă, ci un amestec minunat al acestor două, pentru că aceşti evrei ştiau mult prea bine că Dumnezeu „locuieşte în mijlocul laudelor lui Israel" (Psalmul 22:3). Toate acestea se petreceau *înainte* ca Duhul să vină asupra lor cu putere!

Dumnezeu va acţiona la fel şi astăzi ori de câte ori şi oriunde copiii Lui se liniştesc îndeajuns încât să-I acorde atenţia lor totală în rugăciunea plină de credinţă, în lauda şi aşteptarea reverenţioasă. El va transforma vieţile noastre, va invada şi va binecuvânta bisericile noastre şi ne va echipa să facem „nespus mai mult decât cerem sau gândim noi, prin puterea *care lucrează în noi*" (Efeseni 3:20). Fie ca această putere proaspătă să înceapă chiar de astăzi să lucreze în şi prin noi, pe măsură ce ne supunem în totalitate Duhului Dumnezeului celui viu.

Note

Prolog

1. Dwight L. Moody, *Secret Power,* Chicago, Moody, 1881.

Capitolul 1 – O noapte lungă în Indianapolis

1. Samuel Chadwick, *The Way to Pentecost,* retipărită, Dixon, MO: Rare Christian Books, n.d., p. 19.

Capitolul 2 – Despre cimitire și aziluri de nebuni

1. George Barna, *The Second Coming of the Church,* Nashville, Word, 1998, p. 6.

2. William Law, *The Power of the Spirit,* retipărită, Fort Washington, PA, Christian Literature Crusade, 1971, p. 24 (s.a.).

3. Law, *The Power of the Spirit,* p. 48 (s.a.).

4. Law, *The Power of the Spirit,* p. 91 (s.a.).

5. D. Martyn Lloyd-Jones, *The Sovereign Spirit: Discerning His Gifts,* Wheaton, IL, Harold Shaw, 1985, p. 31, 46.

6. Lloyd-Jones, *The Sovereign Spirit,* p. 25.

7. Charles Haddon Spurgeon, *The Metropolitan Tabernacle Pulpit, 1874,* p. 16: citat în *Spurgeon at His Best,* Grand Rapids, Baker, 1988, p. 102.

Capitolul 3 – Ceva din cer

1. Citat din V. Raymond Edman, *They Found the Secret,* Grand Rapids, Zondervan, 1960, p. 83–84.

2. Samuel Chadwick, *Drumul spre Rusalii,* Suceava, Perla Suferinței, 2009, p. 9.

3. Samuel Chadwick, *Drumul spre Rusalii,* p. 11.

Capitolul 4 – Predicarea alimentată de Duhul Sfânt

1. E.M. Bounds, *Powerful and Prayerful Pulpits,* Grand Rapids, Baker, 1993, p. 43.

2. Andrew A. Bonar, *Heavenly Springs,* Edinburgh, Banner of Truth, 1904, p. 127.

3. Bounds, *Powerful and Prayerful,* p. 36.

4. Bounds, *Powerful and Prayerful,* p. 34.

Capitolul 5 – Față în față cu focul

1. Andrew A. Bonar, *Heavenly Springs,* Edinburgh, Banner of Truth, 1904, p. 19.

2. John Wesley, „Scriptural Christianity", *The Works of John Wesley,* ed. a 3-a, vol. 5, Londra, Wesleyan Methodist Book Room, 1872; retipărită, Grand Rapids, Baker, 1998, p. 52–52.

Capitolul 6 – O casă unită

1. Parafrazare după David Winter, *100 Days in the Arena,*Wheaton, IL, Harold Shaw, 1977, p. 45.

Capitolul 7 – Necalificat?

1. Citat din V. Raymond Edman, *They Found the Secret,* Grand Rapids, Zondervan, 1960, p. 85–86.

2. Autobiografia lui Aggie Hurst, coautor Doug Brendel, intitulată *Aggie,* Springfield, MO, Access Publishing, 1986.

Capitolul 8 – Să eliberezi oameni din închisorile lor

1. Dwight L. Moody, *Secret Power,* Chicago, Moody, 1881, primul capitol.

Capitolul 9 – „Strategia" Duhul Sfânt

1. E. Stanley Jones, *Abundant Living*, Nashville, Abingdon Press, 1942, p. 364.

2. Samuel Chadwick, *The Way to Pentecost*, retipărită, Dixon, MO: Rare Christian Books, n.d., p. 15.

3. Citat în J. Paul Reno, *Daniel Nash: Prevailing Prince of Prayer*, Asheville, NC, Revival Literature, 1989, p. 24–25.

4. L.C. Hall, © 1946 Mrs. L.C. Hall. Assigned 1966 to Gospel Publishing House SESAC.

Capitolul 10 – Bucurie și încă ceva mai mult

1. Carol Cymbala, „All that you need" © 1987 Carol Joy Music. Înregistrat de Brooklyn Tabernacle Choir pe albumul *Praise Him… Live*, Warner Alliance, 1995.

Capitolul 12 – Apă fără plată

1. Samuel Chadwick, *The Way to Pentecost*, retipărită, Dixon, MO: Rare Christian Books, n.d., p. 13, (s.a.).

Alte cărţi publicate la editura Casa Cărţii:

Biserica irezistibil de influentă, de Robert Lewis şi Rob Wilkins
Captive în Iran, de Maryam Rostampour, Marzieh Amirizadeh și John Perry
Căutându-l pe Allah, L-am găsit pe Isus, de Nabeel Qureshi
Când oamenii duhovnicești sunt amăgiți, de Beth Moore
Când ți s-a greșit, de Erwin W. Lutzer
Ce pretinde Isus de la lume, de John Piper
Cine sunt eu în Cristos, de Neil T. Anderson
Credință proaspătă, de Jim Cymbala și Dean Merrill
Cum să-ți depășești trecutul, de Erwin W. Lutzer
Depresia, de Samuel Pfeifer
Doamne, învață-ne să ne rugăm!, de Valy Văduva
El rămâne credincios, de Carol Cymbala și Ann Spangler
Evanghelizare prin foc, de Reinhard Bonnke
Femeile Bibliei, prin ochii lui Dumnezeu, de Jerram Barrs
Gata cu scuzele, de Tony Evans
Împăratul Solomon, de P.G. Ryken
L-am văzut pe Dumnezeu, de Klaus-Dieter John
Lecturi zilnice din istoria Bisericii, de J. Stephen Lang
Libertatea de a trăi ca ucenic, de Alastair Dickson
Lucrări și mai mari, de Reinhard Bonnke
Manifest pentru Isus, de Leonard Sweet şi Frank Viola
Omul ceresc, de Fratele Yun împreună cu Paul Hattaway
Orfanii lui Dumnezeu, de Daniel Mureşan
O ușă pururi deschisă, de Reema Gouding
Pavel, Duhul și poporul lui Dumnezeu, de Gordon D. Fee
Păzirea celor Zece Porunci, de J.I. Packer
Povestiri pentru sufletul tău, de Tony Campolo
Prea ocupat pentru a nu mă ruga, de Bill Hybels
Proiectul Mărgăritar, de Fratele David și Paul hattaway
Puterea laudei și a închinării, de Terry Law
Rănit de frați, vindecat de Dumnezeu, de Chris Jackson
Râuri de apă vie, de Fratele Yun împreună cu Paul Hattaway
Să iubești cu iubirea lui Isus, de Philip Graham Ryken
Strigăte de pe cruce, de Erwin W. Lutzer
Țepușa din carne. Cum să găsești putere și speranță în mijlocul suferinței, de Pablo Martínez
Turnul rugăciunii, de Corneliu Livanu
Ucenicia: îndrumător pentru creșterea spirituală a credincioșilor, de Juan Carlos Ortiz
Un cuvânt pe zi, de J.D. Watson
Vânt proaspăt, foc proaspăt, de Jim Cymbala și Dean Merrill
Viața mea de la derbedeu la misionar, de Oliver Lindberg
Vindecările divine, de Daniel Mureșan
Zece biserici care au marcat secolul XX, de Elmer Towns